UNREAD

# 幸福的底层逻辑

刘小播 著

*The*
*Underlying Logic*
*of*
*Happiness*

广东人民出版社
·广州·

献给我亲爱的妻子麦麦和儿子睿之

# 目录

推荐序     I
序言     VII

**总述　观念与价值**     1
    从庄子的一个故事讲起     3
    我们如何认识世界？     5
    人的四种欲望     8
    你的"三观"正不正？     14
    没有价值的人生，是不值得过的     19
    人生一定要有意义吗？     24
    人类的终极追求     29
    先有鸡，还是先有蛋？     32

**第一堂　幸福观**     39
    幸福到底是什么？     41
    快乐等于幸福吗？     44
    所有的痛苦都源自两个错误     49
    请让开一点，不要挡住我的阳光     54
    幸福的生活，就是灵魂合乎德性的生活     58
    至乐无乐，至誉无誉     62
    人与动物的一个重要区别     68

## 第二堂　自由观　75

- 你真的自由吗？　77
- 自由到底是什么？　84
- 悲观的自由观　88
- 自律即自由　93
- 人最大的不自由，就是永远都无法摆脱自由　98
- 庄子的逍遥与自由　102
- 你可能对自由有误解　105
- 人生而自由，却无往不在枷锁之中　109

## 第三堂　道德观　113

- 人类道德感是怎么产生的？　115
- 道德的本质是什么？　120
- 没有道德，世界会怎样？　125
- 人之性恶，其善者伪也？　128
- 私人的恶性带来了公共的美德　133
- 你为什么会无私帮助其他人？　137
- 最大幸福原则　141
- 康德走出了一条"哲学家之路"　145
- 怎么做一个有道德的人？　150
- 仁者，爱人　154
- 美德即知识，还是美德即良知？　159

| 第四堂 | 生死观 | 165 |
|---|---|---|
| | 向死而生 | 167 |
| | 真正严肃的哲学问题只有一个 | 172 |
| | 死亡在生命之外 | 176 |
| | 生也死之徒，死也生之始 | 177 |

| 第五堂 | 权力观 | 181 |
|---|---|---|
| | 如果有可能，人人都想成为上帝 | 183 |
| | 权力的本质是一种依赖关系 | 188 |
| | 权力的悖论 | 193 |

| 第六堂 | 财富与成功 | 199 |
|---|---|---|
| | 财富就像海水，越喝越渴 | 201 |
| | "幸运的傻子" | 206 |
| | 如果成功有原则 | 209 |

| 第七堂 | 人生观 | 215 |
|---|---|---|
| | 做一个积极的悲观主义者 | 217 |
| | "无为"才是最好的选择 | 222 |
| | 大自然才是我们最好的老师 | 229 |
| | 婴儿才是我们学习的榜样 | 232 |

| 后记 | | 237 |

# 推荐序

这是一本很好的哲学普及读物。

对于今天中国的青年朋友来说，这种书太少了。

在今天的中国，哲学日益显现出重要性。

在如今剧烈变化的社会环境中，中国青年们面临日益复杂与深刻的生活问题时，如何消解内心的无名焦虑，如何确立自己的人生目标，开始成为大家的关注点。这些都必然会引入哲学思考。

但在流行文化中，哲学又常常是板着高冷僵硬的面孔，拒人于千里之外的形象，因为哲学的核心内容，常常远离日常经验。今天的哲人，还没有更好的新创建。这都让哲学不再鲜活。

到底什么是哲学？

通俗地说，哲学就是对人类最重要问题的不断追问。

作为动物中的奇葩，人类仍然要依赖环境生存。人类的生存活动就是利用与适应环境的行为。人类重要问题的追问结果，无不回归于人类与生存环境的关系之中。其中包含了人类与自然环境的关系，也包含了人类与精神环境的关系，还包含了人类与社会环境的关系。对这些关系的理解的成果凝聚出了自然科学，发端了哲学，还孕育了社会学。

人与动物的不同点，就是依据精神环境来理解生存环境，并依据这种理解来选择生存行为。其中也包括了理解精神环境本身，并形成了自觉的意识活动和思维，也形成了不自觉的意识活动和情感。马克斯·韦伯说的"人是悬挂在他们自己编织的意义之网上的动物"，就是对这种状态的生动概括。

所谓哲学，就是人类理解精神环境的文化成果，其中也包括了理解人类在精神环境中的活动方式。人类的精神活动就是意识活动。

人类的意识活动感知与理解了自然环境与社会环境，也感知与理解了精神环境，还构建和利用了精神环境。其构建的成果与理解的对象，就是精神环境的存在形态。这就是观念要素与观念结构。它们所构成的观念空间，就是意识活动的环境。

意识是人类特殊的生存活动。人类只有在感受精神环境的过程中，才能间接感受到意识。叔本华认为，我们能够做我们所做的，但不能想我们所想的，就在暗示这一点。因此，哲学对意识的理解方式，只能是"反思"。在哲学中，没有能够帮助我们理解环境的"客观事实"，也很难像科学那样将核心观念知识化。

在精神环境的内涵中，包含了人类生存活动的经验观念，也包含了人类理解精神环境的超验观念。人类将自然环境中的经验观念公共化，就构成了科学事实，将社会环境中的经验观念公共化，就构成了公共价值。

一般来说，经验表达了具体，超验表达了抽象。人类对生存环境的具体认知成果，可以形成事实，也容易构成知识，还可以为我们提供利用与适应生存环境的方法依据与技术工具。但抽象的认知成果，特别是高层次的抽象成果，虽然表达了最重要的人类环境认知，但却无法形成事实，甚至也难以构成知识。这类认知成果，只能寄存在宗教与哲学观念之中，只能模糊地表达在伦理中。它们常常以信仰的形式，决定了我们最重要的生存选择。

哲学以超验观念为主体，但也必须能够安置好全部经验。抽象的超验观念很难用具体故事来表述，这就是哲学的表达常常玄妙化的原因。在中华文明中，表达最高层次超验观念的概念，就是"道"。在西方文明中，这种概念就是"绝对理念"和"宇宙精神"。

哲学的重要性在于，人类的全部生存活动，都在超验观念的统辖之中，要理解人类生存的根本问题，就必须超越经验来探讨超验。在我们的文化争论中，常常纠缠不清的"三观"，也就是人生观、价值观、世界观，就是重要超验观念的汇总。

因此，只有用哲学思考，才能让我们理解什么是人生价值，什么是生存意义，什么是幸福，什么是生死，什么是自由，什么是权力。对这类超验问题的思考，能为我们理解社会环境与自然环境提供开阔的思维空间，能让我们真正理解什么是宇宙，什么是空间，什么是时间。

人类依据精神环境对物质环境的理解，决定了物质生存的方式，进而构成了社会环境。人类的社会化生存，就是人类文明的本质特征。现代人的全部社会疑惑与社会焦虑，以及由此而生出的抱怨与不满，都来自对社会环境理解的偏差。只有深刻地理解了社会环境的本质，才能让自己常常处于内心的平和之中。中国的老庄哲学，归根结底就是在讲这个道理。所谓的"无为"，并非真正什么也不做，而是在做任何事时，都要顺应自然存在与社会存在，它们是存在于我们意识的理解之外的。西方的存在主义，就是在追求这种理解的努力之中形成的思潮。

哲学的核心道理，就是高度超验化的公共观念。为了将这种道理通俗化，就必然要借用经验故事。但光讲故事，又会将哲学道理变成鸡汤文章。只有很少的哲学道理能透彻地逻辑化与知识化，因而哲学也就有了一副好像故意让人听不懂的面孔。实际上，这是不得已。

为了让哲学得到广泛传播，为了让更多青年朋友们获得哲学的乐趣，我们必须要将深奥玄妙的哲学道理尽量通俗化，这是哲学普及的重要意义，也是这本书的价值所在。

哲学的通俗化，就是搭起哲学思想与世俗经验间的连接，但这并不容易。要具备深入哲学内涵的思考能力，还要理解广大受众们的精神焦虑，并能够将哲学思想引入化解焦虑的情感空间之中。这就是哲学普及作品的功夫所在，也是本书的珍贵之处。

  本书用了不少篇幅，精炼生动地展示了西方与中国主要哲学家们的观点，这体现了作者的哲学功力。这种简单通俗的展示，也是一种不错的哲学知识介绍，让初入门者可以迅速建立起进一步阅读哲学书籍的知识框架。

  但这种展示常常避不开观点间的混乱与冲突，这来自曾经哲学的局限。但作者在对这些基本知识的表述中，仍然可以自然而然地引入当下青年朋友们关注的话题，这就足以引起大家的哲学兴趣了。从哲学史中的概念到今天生活中的焦虑，这种巨大的问题跨越，就是本书作者为我们提供的精神营养。这些营养是进入哲学殿堂的好向导。

  哲学的功能，远不止是为个体提供认知人生的精神营养。哲学更重要的功能在于，构成了不同文明的文化核心，提供了不同文化间的交流桥梁。这些功能，在今天中国向世界大国迈进的脚步中，对文化影响力与世界话语权的构建，形成了基础性支撑。

  今天的中国需要新的哲学，新的哲学需要吸引大批有志青年投入，但这种吸引力又不能来自现实的"利害"。只有好的哲学普及著作，才是这个伟大文化运动的有力推手。

  这本书的价值就在于此。

孙利平，独立学者<br>2022 年 5 月 22 日

# 序言

这本书我筹备了几个月时间，如今终于和大家见面了。它的内容主要来自我的视频专栏《哲学与人生》。其实不管是我写这本书，还是做这个专栏，都是一件十分偶然的事情。

2021年5月，一个朋友想让我以"人生观"为主题，去他所在的投资公司做一次分享，分享对象是他的客户，当然还有客户的家人（尤其是子女）。我朋友是这家公司的负责人，他的客户大部分经济条件都还不错，而这些客户的孩子有的在读中学，有的已经上了大学。其实目前在很多家庭，尤其是经济条件还不错的家庭，父母都非常关心孩子的心理健康和精神状况，尤其是孩子的"三观"是否正。很多父母早年忙于事业和赚钱，在子女的教育问题上花的心思比较少。所以，很多孩子上了中学甚至大学之后，会暴露出很多"三观"上的问题。他们轻则和父母的隔阂很深，亲子之间难以正常沟通，重则和父母经常爆发激烈矛盾，吵架甚至打架，等等。

当然，"三观"的问题不仅仅局限于青少年，我们成年人也经常陷入人生的焦虑、困惑和迷茫。一边是"996"带来的工作压力，一边是下班后的无聊和空虚：停不下来的刷剧、疯狂的购物和娱乐、低质量的社交所带来的往往是短暂的愉悦，而之后又会陷入无尽的空虚和迷茫之中。

如何才能获得幸福？

幸福的本质到底是什么？

如何找到人生的意义？

人生的本质又是什么？

这是时下年轻人普遍关注的问题。对答案的追索很容易走向鸡汤和成功学，那么有没有理性的分析框架，可以帮我们梳理这些问题的底层逻辑呢？有的。

我举个简单的例子，你在路边捡到1000块钱，你很高兴，但却并不会因此就感到幸福；不过当你把这1000块钱给了路边一个正在寻求帮助的乞丐，或者捐给一个生病急需用钱的人，这个时候你反而会感到幸福。

你仔细想想，这个事情其实有点儿反直觉。你无缘无故多了一笔钱，应该感到更幸福才对，但你却没有；而当你把钱给出去，你其实失去了本属于你的东西，但你却体会到了幸福的感觉，这件事是不是挺奇怪的？

每个人都拥有自私的基因，按理说，我们失去了东西，应该不开心才对。一篇鸡汤文可能告诉你，赠人玫瑰，手有余香，你帮助了别人，会从这种善举中收获幸福和快乐。但具体来说，幸福和快乐的体验并不一样。

所谓幸福，可以理解为一个人从与自身观念结构秩序相一致的价值实现中得到的快乐。

这句话可能不好理解，什么是观念结构，什么又是价值实现呢？这个我们后面会详细讲。简单来说，当你无意中捡到1000块钱时，满足的只是你对金钱的欲望，你会因此而感到快乐。但捡到钱这个事情本身并不在你的价值结构里，因为你和大多数人一样，在你们的价值结构里，只有通过自己的努力赚到的钱才是正当的。

所以，换句话说，按照你的价值结构，你并不认为捡到的钱和你的努力有什么关系，你知道自己就是运气好而已，因此，捡到钱这件事本身只能让你收获快乐。

但当你把这1000块钱捐出去，帮助了其他人，甚至还获得了别人的感谢和赞美，那就不一样了。因为大多数人的心里都有善良和乐于助人的价值结构，所以，当这样的行为和你的价值结构相一致时，你就会感到幸福。

你看，这个说法是不是比刚才那个偏鸡汤的解释更有说服力？当然，这里的价值观、幸福、快乐、欲望等问题，我们后面还会详细展开来讲。

所以，我们并不是纯粹从感性出发，去感觉一件事背后简单的情绪变化，而是从哲学的角度，客观地分析现象背后的本质，去理解一个人的行为及其底层的行为逻辑，这是一种理性的行为，也是真正的哲学思维。

更进一步，其实我们所有的思想和行为，都是建立在一套观念体系之上的，我们的精神世界中有很多观念，观念和观念相连，形成观念结构或者系统。观念结构就像一张错综复杂的网，其中每一个观念都像人类大脑里的一个个神经元，人是通过意识活动来感受与理解自身观念结构的，而观念结构反过来又决定着一个人的所思所想。

如果说大脑决定了我们所思所想的话，那么在大脑的底层，观念和观念结构就是我们大脑的原材料。它们决定了我们对现实物质世界和精神世界的理解和认识。

我们如何思考，如何选择，如何判断，这些行为是感性的还是理性的，是直觉还是经验的，背后起决定性作用的都是一套观念系统。观念系统的大小和连接的复杂程度，决定了一个人的认识程度。当然，这套观念体系有它的结构和规律。而本书的目的，就是试图去理解和分析这种结构和运作模式，并在此基础上帮大家更理性地处理很多人生问题。

德国哲学家马克斯·韦伯说："人是悬挂在他们自己编织的意义之网上的动物。"

我们需要理解这张网，有时候甚至需要自己重新编织这张网。我觉得这正是本书的价值和意义所在。如果把我们的认知比喻为一张网，把观念比喻为这张网上的很多连接节点的话，我希望读者能通过这本书梳理自己内在的观念结构，扩充你关于人生相关问题的观念结构，增加观念之间的连接密度，剔除掉你观念结构中的一些错误的连接以及观念，让这张观念之网更合理，让你的精神世界更健康。

每个人都很关注自己的身体健康，而我们的精神健康却很容易被忽视，但它却是最重要的。身体不健康了，可以用吃药来解决；心理不健康了，可以看心理医生甚至靠药物治疗；但一个人的精神是不是健康，我们通常很难知晓，精神是否健康并没有客观的判断标准，不过拥有良好的精神面貌和思想状态，对一个人能否拥有高质量的人生是至关重要的，甚至可以说是决定性的。

就人生相关的问题，本书整合了人类历史上那些最为著名的，同时也最具代表性的哲学家的思想和观点。他们每个人都大名鼎鼎：老子、孔子、庄子、孟子、苏格拉底、柏拉图、亚里士多德、康德、卢梭、海德格尔、萨特、波普尔……我把他们对人生相关问题的思考，按照七大模块整合到了一起。这七个模块包括：幸福、自由、道德、生死、权力、财富与成功，以及人生观。每个模块的内容都相对独立，但又彼此相关，它们共同构成了一个相对完整的整体，读完这本书，我希望大家对自己的人生能有一个整体的理解。

其实一开始，我本来只想讲"人生观"的话题，但后来随着写作和整理的深入，我发现与人生相关的问题大多都有着千丝万缕的关系，很难独立于"人生观"之外，于是不断扩展，就先后有了同名的专栏和这本书。

事实上，这是我的第一个哲学专栏，也是第一本书，第一次就写"幸福的底层逻辑"这种宏大的主题是非常冒险的，需要很大的勇气。一方面，这类主题很难驾驭；另一方面，这类主题的写作又很容易流于鸡汤或者成功学。

我做这个专栏和这本书的勇气和信心，来自我过去几年写过的上千篇原创的哲学文章，也来自自己制作的数百条哲学原创视频，以及这些视频超过一亿次的阅读量和播放量，更来自全网上百万粉丝和读者的支持鼓励。当然，最重要的还是因为我觉得这个话题非常重要，不仅仅对青少年，对于所有人来说也同样如此。人生的意义、价值、幸福、自由、道德、成功、金钱等问题会伴随我们一生，我们总会遇到属于自己的"哲学时刻"，如果能以自己擅长的哲学的方法带给大家一些参考和启发，对我来说也是一件非常开心的事情。

这本书的内容，除了整合历史上许多伟大哲学家的思想和观点以外，我还请教了很多专家和学者，其中要特别感谢我的良师益友，也就是国内著名的独立学者孙利平老师，他对我的创作给予了非常大的启发和支持。书中很多理论框架，包括观念结构和价值结构、三个世界的划分，以及人的四种欲望等，都来自孙利平老师的原创哲学理论以及他的著作《哲学新解》。如有理解和表述错误，责任完全在我。

总述

# 观念与价值

## 从庄子的一个故事讲起

我们经常说一个人的"三观",那么"三观"究竟是什么?《庄子·秋水》里讲了一个著名的故事。有一天,庄子在濮水边垂钓,楚王派了两位大臣来请他做官。

两位大臣说:"楚王希望把国家大事交托于您。"

庄子手里拿着钓鱼竿,头都没有回,说道:"我听说楚国有一只神龟,它死的时候已经三千岁了,楚王用锦衣玉帛把它包好,供奉在宗庙里。你们说这只神龟是愿意死去,留下骨头让人珍藏呢,还是愿意拖着尾巴在泥地里玩耍?"

两位大臣说:"当然是拖着尾巴在泥地里打滚了。"

庄子说:"那你们走吧!我还想拖着尾巴在泥地里打滚呢!"

庄子拒绝了楚王的盛情邀约,他宁愿做一个普通人也不愿去做官。这是庄子的人生选择,也是他的人生观。其中当然也有庄子的价值选择,他认为相较于逍遥自在的生活,名誉、地位和权势这些并没有那么重要。

我们通常说的"三观"包括人生观、价值观和世界观。但其实,人生观和世界观中都包含了价值判断,它们之间的界限并非泾渭分明。所以,相较于传统的"三观",我更认可刘擎老师说的,"三观"应该是世界观、道德观和人生观。那价值观呢?其实道德观和人生观中都包括价值观，因为它们都是一种价值判断，而不是事实判断。世界观、道德观和人生观，用一句话来说就是关于"真假、对错、好坏"的观念，这个怎么理解呢？

首先是世界观，这是一种事实判断，有"真与假"之分。比如亚里士多德就认为，地球不仅是宇宙的中心，还是静止不动的，这种后来都被证明是"假"的世界观，影响了西方上千年。世界观是一种事实判断，有确定的"真与假"之分。

其次是道德观，这是一种判断"对与错"的观念，它决定了我们为人处世的原则，是一种约定俗成的规则。比如尊老爱幼是有道德的，被认为是一种"对"的行为，而恃强凌弱是不道德的，是"不对的"。道德观有"对与错"之分，但并没有"真与假"之别。

最后是人生观，这是一种判断"好与坏"的观念，并没有真假或者对错之分。比如有人认为人活着应该享受当下、及时行乐，但也有人认为应当牺牲当下的享受以求长远的满足。这些人生都是每个人自己选择的，并没有对与错、真与假之分，只有好和不好之分。

那么什么是"人生观"呢？从定义上讲，人生观就是对自己人生的目的和意义、生活态度的观念集合。换句话说，一个人的人生观其实包括两个方面：

第一，你追求的人生目的和意义是什么？

第二，你以什么样的态度来对待你的生活？

一个关于目的，一个关于过程，而两者又是相辅相成的，人生的目的会影响一个人的生活态度，而这两种选择其实都带有某种价值取向。

假如你认为人生的意义就是要好好享受生活，那么你的生活态度就会倾向于享受当下、及时行乐，因为你觉得这样的人生才是有意义的，否则人生就是虚度。

如果你认为人生的意义是要实现自我的价值，成就自我，那么你的生活态度就会更加积极，你会更在乎成就感，更在意名誉和声望。

再比如，你认为人生是没有意义的，人终有一死，那么你对生活的态度就可能是消极和悲观的，做什么都提不起兴趣，甚至还会陷入虚无主义。

其实，无论人生观、价值观还是道德观，这些"观"的底层都是一系列观念，或者说都是一个观念网络，那我们就从"观念"讲起。

## 我们如何认识世界？

人类存在于三种环境之中，分别是自然环境、社会环境和精神环境。不难理解，自然环境就是我们的大自然，包括山川河流，日月星辰；社会环境主要是人类社会，包括人与人之间交流、互动的环境；而精神环境就是我们的思想、文化、意识活动的环境。

自然环境的基本组成要素是客观事物；社会环境的基本组成要素是人以及由人组成的家庭、公司、民族和国家等；而精神环境的基本组成要素是观念。

那我们的"观念"到底是什么，又是怎么来的呢？观念是思维的基本材料，一个人思维中所有的幻想、意念乃至大脑中能想到的任何东西，都是由观念构成的。如果没有观念，我们就没办法思考，也没办法想象。

观念是怎么产生的呢？英国经验主义哲学家约翰·洛克认为，观念之产生主要有两个途径：一是通过感官经验；二是通过反省经验。

人通过感知外界事物在大脑中形成观念，感知对象是观念的一个来源，这些经由感官经验形成的观念是清晰和明确的。比如当我们触摸到一块柔软的布料，把手伸进冰水里，或者看到一块黑色屏幕时，我们的感官会受到外部事物的刺激，进而在我们的大脑中形成各种简单的观念：冷、热、酸、甜、黑、白、软、硬……大部分简单的观念都来自感官，并且由感官进入大脑，我们把这个来源称之为感觉，也就是我们感官的觉察。

另外，反省经验是简单观念的又一个来源，感官经验依靠感官的感觉，而反省经验依靠的则是我们的知觉。这种知觉能力能感知到我们所有的心理活动，比如喜、怒、哀、乐等情绪，思考、怀疑、推理、认识等心理活动，这些观念不是在与外部对象的接触中获得的，而是来自大脑的反省。这里的反省不是我们通常所说的反思，而是一种知觉，是人对自己的活动施加了注意，之后才会有反省经验，也才会产生反省观念。

比如，我们把手伸进冰水中，除了会产生"冷"的观念以外，还会生出一种刺骨的"痛"的感觉。如果我们在中秋节的晚上看到一轮明月，除了会形成月亮的颜色、形状等观念，还会勾起我们内心的乡愁以及美好等观念。

总之，外界的事物是感觉的对象；内在的心理活动是反省的对象，我们所有最初的观念都源自两者：对外部事物的感官经验和对心理活动的反省经验。

此外，感官经验获得的简单观念是确定和清晰的，而反省经验获得的观念具有模糊性，有时候很难用语言准确地表达出来。比如苹果、香蕉、手机、电脑这些观念，可以用语言表达。但关于美好、痛苦、善良等观念，就不像颜色、形状、大小等感觉观念那么直观和清晰，也很难用语言准确地描述出来，这其实也是语言的局限性。

那我们应该如何认识和理解大脑中的各种观念呢？

打个简单的比方，大脑里的各种观念就像组成大脑的一个个神经元，观念和观念的连接会形成新的观念，就像大脑的神经元相互连接的结果一样。比如"华为手机"的观念和"爱国"的观念相连，可以形成"买华为手机就是爱国"的新观念，而"献血"的观念和"善良"的观念相连，就形成了"献血是一种善行"的新观念。

你可以想象，我们的大脑里有无数的观念，有些观念是明确的概念和名称，有些观念是相对模糊的图像或者印象。这些观念错综复杂地纠缠在一起，形成了复杂的观念结构，这些观念结构决定了我们所有的思维活动，而这些思维活动又决定了我们的行为。

我们的人生观、道德观、世界观其实就是一套观念系统，是由无数的观念相互连接所构成的观念结构，而这些观念结构又都包含在整体的观念结构里。人生观、道德观、世界观是我们观念结构里非常重要的结构，你可以将其理解为一栋大厦的承重墙，它对我们日常的选择和判断有着指导性的作用。

观念和观念结构是如何主导我们的选择和判断的呢？或者说，选择和判断背后的依据是什么呢？这个问题还要从观念与价值讲起。

## 人的四种欲望

每个人的大脑里都有无数的观念，但我们是如何利用这些观念进行选择和判断的呢？我们来看一个例子。

假如你现在很饿，而路边刚好有个包子摊，你可以趁店主不注意的情况下偷偷去"拿"两个包子填饱肚子，但你多半不会这么做，因为你是一个有道德感的人。你在心里权衡了一下，觉得未经同意就去拿别人的东西是不道德的，所以你不会这么做。在这个场景里，是道德感约束了你的行为，但问题是，为什么道德感会约束你的行为呢？可能很多人并没有细想过这个问题。

从根本上说，我们所有的行为都是一种选择或判断，你选择不去随便拿别人的东西，哪怕你很饿。你在"填饱肚子"和"遵守道德"之间选择了后者，你把与两者相关的很多观念放到大脑里，飞速进行了对比和判断，并做出了选择。而选择的依据是什么呢？

事实上，这个依据就是观念的价值。你在"遵守道德"和"填饱肚子"之间选择了前者，是因为你认为这样做更值得，或者说你认为此时遵守道德更有价值。但如果你真到了不"拿"这个包子就会饿死的地步，你可能就会觉得填饱肚子更有价值。

简单来说，你根据当前的情况，在各种观念之间选择了一种而放弃了其他，是因为这个选择对你更有价值。

每一个观念都有其价值，这个价值可能比较抽象，你可以简单理解为，每一个观念都有一个分数或者权重，比如当前"遵守道德"是50分，"填饱肚子"是40分，你在心里权衡了一下，觉得遵守道德的价值更高，所以选择了它。

**观念和价值是一体两面的，就像一枚硬币的正反面。**

当然，观念的价值不仅因人而异，而且是随时变化的。现在你觉得遵守道德更有价值，但其他情况下就不一定了。那观念的价值是如何评判的呢？

**观念的价值来源于它对我们欲望的满足程度。**

人的欲望分为四个层次：生存欲望、群体依恋欲望、自我实现欲望和精神欲望。而前面我们说的道德观念满足了一部分的"群体依恋欲望"与"精神欲望"。我们都喜欢道德高尚的人，而厌恶道德低下的人。所以做一个有道德的人，可以让我们更容易融入群体，进而满足我们的群体依恋欲望。而填饱肚子能满足我们的生存欲望，但在生存并没有受到严重威胁的情况下，它的价值权重就不会很高，所以，我们宁愿饿肚子，也不会去做不道德的事情。因为填饱肚子仅仅能满足最低的生存欲望，它的价值是最底层的，价值分数并不高，而道德观念来自精神欲望和群体依恋欲望，是属于更高层次的欲望。所以，在大多数情况下，我们认为道德观念具有更高的价值。

总之，我们平时会依据各种观念的价值做出判断和选择，而这里的价值就来源于它能在多大程度上满足我们的各种欲望。在一些极端的情况下，生存是最重要的，而在大多数没有生命之危的情况下，我们都更倾向于满足自己更高层次的欲望。

了解了观念和价值的关系，接下来，我们再来具体看看欲望的四个层次。很多人可能都知道社会心理学家马斯洛提出的"需求层次理论"，它包括五个层次的需求：生理需求、安全需求、社交需求、尊重需求和自我实现需求。但相较于马斯洛的理论，我更认可孙利平老师提出的"欲望层次理论"：

第一层是生存本能欲望，它包括食欲、性欲和基本的安全欲，这些欲望来自动物的本能，不是人类特有的，而是所有动物都有，是生命在数百万年的进化过程中形成的。这些欲望在我们大脑里形成了一些基本的观念，而每个观念都对应着各自的价值，从而形成了一个价值体系。比如食物可以充饥、衣物可以保暖、悬崖意味着危险、金钱可以带来安全感，等等。

第二层是群体依恋欲望，这种欲望来自人作为群居动物的本能，它表现在人普遍害怕孤独，怕被拒绝、被孤立，喜欢从众，等等。这些观念形成了我们的群体依恋的价值结构。我们对爱情的渴望、对家庭的眷恋，以及对社交的需求，很大程度上都来自这种本能。

第三层是自我实现欲望，这是人类最高层次的物质欲望，也是人类社会特有的欲望。它表现为人们对名誉、权力、地位、影响力的追求，其中最核心的表现是希望被人追随，希望能够影响别人，甚至能够控制他人。

第四层是精神欲望，这种欲望是人类精神的一种本能，是最高级的一种欲望，严格意义上说，是一种审美欲望。它表现为对秩序感、一致性以及美好的追求和向往。这是人内心的一种本能，比较抽象，我们后面再来介绍。

这四种欲望有两个特点：

首先，每一种物质欲望的满足，都会带来快乐或者说愉悦感，但可能并不是幸福感，只有跟自我价值结构匹配的行为，才能产生幸福感。比如之前我们举的捡到1000块钱的例子，你没有感到幸福是因为这一行为跟你"努力致富"的价值结构不匹配。

其实一个人能否感到幸福跟他的观念结构的复杂程度并没有直接的关系，关键是他的行为要与他的价值结构相一致。比如我们父母那一辈人，他们觉得能吃饱穿暖，还能抚养小孩儿上学读书，就已经很幸福了。因为这些行为是符合他们的价值结构的，在他们的观念里，照顾好家庭和孩子这一观念的价值已经很高了。

但如果你请父母去听一场古典音乐会，给他们买很多奢侈品，你的父母可能也会高兴，因为他们的物质欲望得到了满足，但他们不大会感到幸福，因为你的行为可能被他们视作盲目消费，而这和他们的价值结构是不一致的。所以，欲望的满足只能带来短暂的愉悦，而只有跟价值结构相匹配的行为，才会产生持久的幸福感。或者说，如果某些行为能满足你的欲望，但和你的价值结构相冲突，那你就很难从中收获幸福感。

其次，层次越低的欲望，满足方式越单一（或者说满足方式缺乏灵活性）。饿了就要吃东西，冷了就要穿衣服，满足这些生存本能欲望的方式很单一，一个行将饿死的人，你给他再多财富也没有意义；而层次越高的欲望，满足方式越灵活，越多样。一个审美情趣很高的人，可能看到一片树叶、一张照片、一幕晚霞，很容易就会产生愉悦感，他们满足精神欲望的方式是非常灵活和多样的，因此这样的人也往往生活得更快乐。

但这里有一个关键，在每个欲望层级里，观念的丰富程度都对满足这种欲望来说很重要，因为这会让我们更容易获得幸福感。

为什么有的人需要买很多名牌包包、奢侈品，试图用这种方式来获得别人的认可呢？希望被别人认可是满足自我实现欲望的一个表现，但是在他们的观念结构中，满足这种欲望的方式很有限，可能就仅限于炫富或者刷存在感，那么他们就只能通过这样的方式来获得快乐。但同时，如果他们的观念结构里有另外一套观念结构和价值结构，在这里，炫富不仅可耻，还会被人鄙视，那么他们所拥有的两种价值观就会产生冲突和矛盾，这会给他们带来痛苦和不安。一方面，他们只能通过炫富来满足自己的欲望；另一方面，他们内心又觉得自己不应该是这么一个人，由此带来内心的痛苦。归根结底，这是因为他们的行为跟他们的价值观发生了冲突。

总之，观念和价值是一体两面的，观念是价值的载体，每一个观念都有其价值，而价值的高低在于它能够满足我们四个层次的欲望的程度。

欲望的满足可以带来快乐，但只有跟价值结构相一致的行为，才能带来幸福。

欲望层次越低，满足方式越单一；欲望层次越高，满足方式越灵活。

有了以上这些分析框架，接下来，让我们再来具体看看，好的"三观"到底应该是什么样的。

## 你的"三观"正不正？

我们经常说一个人"三观不正"，但这种说法其实是不准确的。大多数观点认为一个人的"三观"要"正"，那么什么是正，什么是不正呢？我先来讲一个故事。

一天，古希腊哲学家苏格拉底在街上碰见一个路人。

苏格拉底问："你知道何谓有道德的人吗？"

路人回答说："忠诚老实不欺骗别人，就是有道德的人。"

苏格拉底反问："为什么和敌人作战时，我们的将军却千方百计去欺骗敌人呢？"

路人回答说："欺骗敌人是道德的，而欺骗自己人是不道德的。"

苏格拉底追问:"假如你的儿子生病了,又不肯吃药,你欺骗他说,这不是药,而是一种很好吃的东西,这也不道德吗?"

路人只好承认:"这种欺骗是道德的。"

于是,苏格拉底说:"道德如果不能用是否骗人来说明,那究竟用什么才能说明呢?"

路人恍然大悟,说道,要先明白"道德是什么",之后才有可能做一个有道德的人。

这就是苏格拉底说的"美德即知识"。你没有关于美德的知识和观念,就无法做一个有美德的人,也就难以体会拥有美德所带来的幸福感,而只能满足于低层次的愉悦。

其实不管是道德观、人生观还是世界观,都是一些观念的集合或者从属于一个观念系统。所以,一个人的"三观"正不正,或者说一个人的"三观"好不好,主要取决于两个原则:观念的丰富度和观念结构的灵活性。

首先,我们来说观念的丰富度。

就像苏格拉底所说,如果你不知道什么是道德,就无法做出道德的行为,道德是一种知识。也可以理解为,你大脑里要有很多道德观念,之后才能理解更多的道德行为,并身体力行。

当然,你可能说,有的人并不知道什么是道德,但也能做出有道德的行为。其实这也没错,伦理道德在很多时候是一种公共观念，是通过文化灌输到每个人观念结构里的。比如在我们的传统文化里，儒家的伦理道德体系非常丰富，它从"仁义"出发，发展出了一整套伦理道德体系。所以，在道德观念上，其实我们中国人有天然的优势，我们有丰富的道德观念和观念结构，而且这些观念早就已经通过文化环境内化到了我们的基因里。

但是在人生观和价值观上，我们就没有这么幸运了，我们中的大多数人其实并没有系统地思考过人生观和价值观等问题。我们经常说一个人的认识局限，其实就是在说他的观念不够丰富。假如观念贫乏，遇到问题的时候就很容易陷入各种困惑中。

有人说，提升一个人的生活品位和幸福感的重要维度，就是培养对细节的感受能力，而这依赖于一个人的观念是否丰富。说得更直观一些，观念的丰富度有时就体现在语言和词汇量上，比如普通人只能区分两种蓝色，而一个优秀的设计师能区分至少七种不同的蓝色，所以他对色彩更敏感，由此也能欣赏更多、更丰富的视觉美。在人生观问题上也是一样，如果你有更丰富的观念，那么你就可能拥有更为丰富多彩的人生。

其次，我们来说观念结构的灵活性。

如果把观念比喻为大脑里的神经元，那么观念结构就是神经元之间的连接所组成的一个个结构。观念间的连接越多，结构就越灵活，相应地，你对现实世界的各种现象也就会有更丰富的解释能力。

举个例子，以前农村的人进城可能只能靠走路，而且只有这么一条路，那么有一天当这条路堵了或者被水淹了，那可能就没办法进城了。但现在进城有了许多选择，骑车、开车、坐船、打车都可以，选择更多了，可选的方式也更灵活了。而观念结构就像交通工具，正是它的灵活性，保证了你的思维不容易走进死胡同。

古罗马哲学家马可·奥勒留说："我们听到的一切都是一个观点，不是事实；我们看见的一切都是一个视角，不是真相。"

观念结构的灵活性不仅赋予了我们多种视角，让我们能从不同角度理解世界，而且也为我们的人生提供了各种选择。就像美国投资家查理·芒格说的，"手里拿着锤子的人，眼里满世界都是钉子"，这就是观念结构单一导致的。

古希腊的斯多葛学派认为，带给我们痛苦的不是事情本身，而是我们对事情的看法。观念是我们认识世界的基本要素，世界是怎么样的在于我们如何解释它，而解释就需要有一套观念结构，这个道理其实很好理解。

之前我们讲过，观念就像我们大脑的神经元一样，和很多动物相比，人类大脑的神经元数量其实称不上多，但人类大脑的神经元连接是最丰富和复杂的。这体现在人类具有强大的思维能力，面对同一件事情却有不同的解释角度。

比如面对考试失利，你不会单一地认为，我最近就是比较倒霉，或者这个老师就是不喜欢我，这是负面的解释路径，你还可以从个人的角度，发现自己身上存在的不足和问题。具有丰富的视角，并善于换个角度去诠释同一件事，这依赖于我们自身拥有的丰富的观念和灵活的观念结构。从某种程度上说，这才是一个人认知能力的底层要素。

所以，好的"三观"的重要标准是：观念的丰富度和观念结构的灵活性。同时这也能给我们带来价值结构的多样性，而价值结构的多样性，可以让我们更容易感受到幸福，就像之前我们说的，一个人只有做出跟自身价值结构相一致的行为，才能获得幸福感。

你的观念结构越灵活，你的行为就越容易和你的价值结构相匹配，也就越容易获得幸福感。其实获得幸福感的方式有很多，比如通过建立良好的社交关系满足群体依恋，进而获得幸福感；通过在一个社群里成为受人尊敬的意见领袖，满足自我实现的欲望，进而收获幸福感；等等。说到底，你是否能更容易获得幸福感，是由你的观念结构和价值结构决定的，如果你的价值结构过于单一，那么你的行为就很难和你的价值结构相匹配，也就很难获得幸福感。相反，价值结构单一的人，只能通过欲望的满足来获得短暂的快乐，这种情况就像一个小孩儿只有一件玩具，一旦这个玩具不见了或者坏掉了，他就会产生世界崩塌的感觉。

## 没有价值的人生，是不值得过的

我们经常说：要过有意义的人生，要实现人生的价值。但这两个问题其实是由两个完全不一样的视角衍生出的，很多人并没有认识到"意义"与"价值"的区别。

在人生问题上，"价值"和"意义"是两个完全不同的概念，但我们经常混用。比如，我们会问"做这件事的意义是什么""做这件事的价值是什么"，二者好像没什么区别，但实际上这两个问题背后却是两种不同的视角。

前面我们讲到每个观念都有其价值，观念和价值就像一枚硬币的两面，而价值是由某一事物对个体欲望的满足程度决定的。在寒冷的冬天，棉衣对一个人很有价值，但是在炎热的夏季，棉衣对一个人就没有什么价值，衣服的价值在于它能满足人的需求。

简单来说，价值是由环境来描述和定义的，或者说价值是由他人来定义的。以某一观念为例，它的价值是由人赋予的，而不是与生俱来的。同样，一个人的人生价值也是由外在环境赋予的，价值是相对客观的；但一个人的人生意义是自己赋予的，意义是相对主观的。

简单来说，人生有没有意义自己说了算，不过人生有没有价值你说了不算。

你觉得上班没什么意义，但是你的领导、公司可能觉得你的工作很有价值。快递小哥和保洁阿姨的工作都很辛苦，他们可能觉得自己的工作没什么意义，但是你不能说他们的工作没有价值，他们的工作对社会和他人也是不可或缺的。

在人生的问题上，意义与价值的关系在于：价值是环境赋予的，是自我外在的属性，是客观的；而意义是你自己赋予的，是自我内在的属性，是主观的。所以，追求人生意义和实现人生价值，并不是一回事。

如果脱离价值去追求意义，是非常危险的。

人生的意义在很大程度上建立在价值实现的基础上，忽视价值去追求意义，可能是目前很多年轻人经常陷入虚无主义，觉得人生没有意义的根本原因。于他们而言，更好的选择应该是通过外在价值来获得内在的意义感。这句话可能不好理解，我来举两个例子。

第一个例子是我们的父母。他们那一辈人很辛苦，很多父母辛辛苦苦把几个孩子拉扯大，眼看着孩子吃饱穿暖、身体健康、上学读书，他们感觉很幸福。为了儿女的成长、幸福，父母付出了全部的爱，也在这个过程中实现了自我的价值，并且他们把这种价值等同于自己人生的意义，两者的统一，让他们产生了幸福感。

父母始终关注的是自己对儿女的价值，很多父母终其一生可能都没有问过自己人生的意义是什么。但是只要儿女懂事、身体健康、家庭幸福，他们就会感到幸福，他们人生的意义来自自身价值的实现。他们勇敢地担负起对儿女的责任，全身心付出，并从这种付出中去找寻自己的人生意义。当邻居或者朋友夸他们的儿女有出息的时候，当他们看到自己的儿女过上幸福生活的时候，他们也会感到很幸福，觉得自己人生没有白活。

简单来说，父母首先关注的是价值的实现，先付出，然后获得意义。

我们再来看另一个例子。比尔·盖茨离婚的消息大家应该都听说了。盖茨夫妇给出的解释是：无法再继续提升自己了。围绕他们离婚的原因，当然有很多猜测，诸如比尔·盖茨出轨、避税，等等。但我相信盖茨夫妇的解释也是非常重要的原因之一。

他们说的无法自我提升是什么意思呢？当然不是财富的积累，尽管比尔·盖茨早就已经不再是世界首富了。那是什么呢？其实是他们觉得自己的人生还有很多可能性，还需要继续寻找自己的人生意义，而这才是最关键的原因。

我们抛开具体的事情本身，来看这两件事的本质，这其实深刻体现了东西方人两种价值观的差异：个人主义和集体主义。

简单来说，西方人更关注个人的意义，而非自我的价值。德国哲学家尼采说："要真正体验生命，你必须站在生命之上。""伟人对我毫无意义，我只欣赏自己理想中的明星。"个人主义是西方社会的主流人生观和价值观，西方人觉得自己的人生要自己定义，人生意义要靠自己不断追寻。他们更关注自我的存在以及个人的权利和自由。

相反，奉行集体主义价值观的我们更注重集体价值，包括个人在群体中的价值，以及个人对群体的贡献，我们更习惯从集体的角度来思考和看待自己，当然，这样的价值取向和我们几千年的传统文化是分不开的。

孟子说："生，亦我所欲也。义，亦我所欲也。二者不可得兼，舍生而取义者也。"

儒家经典《礼记·大学》中说："物格而后知至，知至而后意诚，意诚而后心正，心正而后身修，身修而后家齐，家齐而后国治，国治而后天下平。"

古代中国一直是农业国，家庭与家族对于个人的生存来说至关重要，个人离开前者是很难生存的，因此我国古代很注重个体与家庭的关系，家庭伦理也成为社会伦理的基础。而西方文明的一大源头是古希腊，古希腊是海洋和游牧文明，人们以海洋贸易和游牧为生，对家庭和社会的依赖并没有那么大，因此个人能力对自己的生存最重要。

集体主义更注重人的社会价值，而个人主义更关注个体存在的意义。集体主义者更注重付出，更关注过程，而个人主义者更注重收益，更关注结果。中国人十分注重人情世故，一件事虽然结果不好，但是鉴于没有功劳也有苦劳，当事者也容易被谅解。但崇尚个人主义的社会文化更看重结果本身，他们认为没有好的结果，所有过程都毫无意义。

所以，在两种不同的文化背景下，东方人和西方人对人生的意义和价值做出了不同的选择。西方人更看重自己人生意义的追求，而我们更看重自我价值的实现，我们的人生意义是通过价值的实现来获得的，这是两种基于不同文化环境的选择。

综合来看，个人主义似乎更符合当代中国人的价值取向，其实这只是因为近代以来西方的世界观和价值观对我们产生了太过巨大的影响。在我国古代，人们很少去追问人生的意义一类的话题，中国人思考更多的是自己对家庭、宗族、国家的责任和贡献，关注的也是个体在群体中的价值实现。

随着社会的发展以及全球化进程的加速，东西方两种价值观在我们头脑中发生了剧烈的碰撞，我们一度很难适应。一方面，我们的传统价值观更注重个体的价值；而另一方面，受西方文化尤其是西方个人主义思想的影响，现在的年轻人又渴望追求自我的人生意义，这两者很多时候是冲突的，尤其是脱离价值谈意义的时候。

人始终是社会性动物，如果你对他人、公司、社会没有什么价值，那你就很难获得广泛的认可，进而也无法满足自我实现的欲望，甚至会产生一种被群体排挤、孤立的感觉，很多年轻人感觉很痛苦的原因其实就在这里。

所以，更好的选择是先产生价值，然后再去寻找存在的意义，因为价值本身就自带意义，这不仅从道德上来讲更好，也更符合理性精神，这是为什么呢？

个人的意义十分依赖欲望的满足，但欲望是无止境的。前面我们讲了，人的物质欲望可以分为三层：生存欲望、群体依恋欲望和自我实现欲望。很多人渴望自我实现，觉得实现了自我，人生才有意义。即使像比尔·盖茨这样富有、成就卓著的人，也依然还在追求人生的意义，就因为他的自我实现欲望还没有得到满足。所以，从某种意义上讲，对人生意义的追求也是无止境的。如果你有能力，有天赋，而且运气不错，那么你的人生会很美好，但这样的概率其实很低。

欲望是无止境的，但价值是相对确定和客观的，它体现在你对家庭的付出，对孩子的付出，对社会的贡献上……如果你忽视这些仅仅去追求自我存在的意义，或者说脱离价值去追求人生的意义，不仅非常危险，而且也很不理智。

## 人生一定要有意义吗？

北京大学哲学系的杨立华教授说过这样一句话，大意是：没有被哲学打扰的人生是幸运的，也是幸福的。

《道德经》中说："少私寡欲，绝学无忧。"《庄子》也说："绝圣弃知，而天下大治。"道家认为，没有任何私心杂念，免受世俗烦恼的打扰，不去追求什么高深的知识和智慧，一心过好自己眼前的小日子，这样的人生是幸福和快乐的。但今天的我们显然已经无法回到老庄所提倡的那个"小国寡民"的理想社会了。

随着科技的发展与文化的繁荣，我们貌似学到了很多知识，懂得了很多道理，但这也是有代价的，认识能力的提升和自我意识的增强，会让我们产生一种对任何事情都想要探个究竟的欲望，凡事都想追问一个为什么。而在所有的为什么中，最根本、最触及灵魂的拷问就是：我为什么活着，我活着的目的和意义是什么？

人为什么一定要追求人生意义呢？答案也许是：人是一种有意义的动物。

人活着不求生存的意义也不是不行，但我们不能这么做。如果你是一个有意识、有理性以及有一定认知能力的人，且不说丧失意义感的人生会让你更容易陷入迷茫和痛苦之中，人自身所拥有的一种追求因果关系的本能，也会促使你寻找人生的意义所在。

我既然存在于这个世界，就要知道我为什么而存在。

寻找问题的答案是人类的本能，这种好奇和求知的本能深深地刻进了我们的基因里。有位哲学家说："人和动物的区别不在于我们会问为什么，也不在于我们拥有好奇心，而在于我们会探求问题背后的答案。"而正是"因果本能"和"好奇心"的驱使，才使人类在数十万年的进化中，一直在不断探求诸多问题背后的答案。

其他动物可能也有疑惑，比如天为什么会打雷下雨？大地为什么会震动？为什么一年有四季？为什么月亮有阴晴圆缺？等等。但它们产生这些疑惑之后，不会像人类一样去寻找背后的答案或者原因，它们只是看看而已，只有人类才会在本能的驱使下，不止步于好奇心，而是进一步探究问题背后的答案。可以说人类正是在这种好奇心和求知欲的推动下，才逐渐脱离了生物本能的束缚，发展出了理性，走上了进化的快车道。

我们对世界的认识是从因果本能开始的，神话或者迷信的产生都与此相关。一个不知道天上为什么会下雨的人，有一天连续摸了三下鼻子，然后发现天突然开始下雨了，于是他就会认为，连续摸三下鼻子和下雨之间有某种神秘的因果关系。这是迷信，但也是人类认知的起点。就这样，人们开始尝试用各种因果关系去解释这个纷繁复杂的世界。被誉为"西方哲学之父"的古希腊哲学家泰勒斯认为水是万物的本原，大地浮于水上。虽然这些观点在今天看来略显荒谬，但他也是在试图用理性解释万物产生的原因。

今天，我们可以上天入地，可以遨游太空，也可以深入原子和细胞核内部，我们想要搞清楚一切问题的答案，而所有这些行为都是因果本能在驱动,这种本能让我们在面对一个不解的问题时,如果不找出原因就会坐卧不安,彻夜难眠。

而对于我们自身来说,长久以来一个最本质、最重要的问题就是:我们自己为什么会存在,我们存在于这个世界上的意义和目的是什么?其实这就是人生意义的问题。我们终其一生都会被这个问题困扰。也许有的人暂时还没有遇到这个问题,但它迟早都会出现,因为寻找问题的答案是人的天性,而我们终究无法绕开人生的意义这一问题。

人生有一个确定的意义吗?

我们通常认为,人生观是非常主观的,因此每个人的人生追求不尽一致,但是也有很多人认为,人生是有确定意义的。比如宿命论者就认为,人生的意义是被上帝或者某个超验的东西所设定了的。还有一种观点认为,人只是基因的奴隶。理查德·道金斯在其经典著作《自私的基因》中指出,人只不过是基因的奴隶,如果从大自然或者更高的视角来看,人类这一物种本质上跟其他物种没什么区别,我们活着只是为了基因的繁衍。

而有些哲学家认为,人生并没有确定的意义和本质。正如存在主义哲学家萨特所说:存在先于本质。只有人意识到自身的存在,才能赋予自己的人生以意义和本质,是先有人的存在,然后才有世间万物的意义。而这个存在是以人的意识为前提的,我们首先意识到自己的存在,之后才可以赋予万事万物以意义。

小猫和小狗也拥有某些本能，但它们不具有像人类一样的意识，因此它们也就无法意识到自身的存在，所以它们永远不会追问自己存在的意义是什么，而只能靠本能活着。从某种意义上来说，它们才是真正的"基因的奴隶"。因为我们有意识，能意识到自身的存在，所以我们才会去思考自己的人生意义和存在的目的。

既然我们不是基因的奴隶，而且还能意识到自我的存在，那我们的存在有一个终极的意义吗？也就是说，每个人的人生意义都会指向同一目的吗？

常规的理解来说，当然不是！人各有志，每个人都有不同的人生意义，或者说人生的意义和目的是非常多元的。

然而古希腊哲学家亚里士多德和柏拉图却并不这么认为，在他们看来，所有人的人生最终都指向同一个目的：善。

而中国的儒家也将追求"至善"作为人生的最高追求。《礼记·大学》一开篇就说："大学之道，在明明德，在亲民，在止于至善。"

亚里士多德认为，人有理性和非理性的本能，我们所追求的幸福生活，就是满足这种本性并引导它走向幸福和充分实现其目的的生活。一切都是为了一个目的而设计的，实现了其设计目的就是善。当人类实现了其本性的设计目标时，就迎来了幸福的生活。所以亚里士多德认为，人都是追求幸福的，但唯有"善"才是所有人最高的、最本质的追求。

那为什么东西方文明都把"善"作为人生的终极追求呢？或许，我们可以从另外一个角度来理解。

## 人类的终极追求

前面我们说过，人有追求因果关系的本能，和其他动物不一样，人不但拥有好奇心，还会探究问题背后的答案。我们面对任何问题，都渴望找出一个答案，并能够自洽。而在面对"人为什么而活"这些大问题时，我们当然也希望能够找到某个确定的答案。对于这个问题的答案，很多东西方的思想家都不约而同地认为，人的终极追求是"善"，这当然不仅仅是从道德上来说的，它还很可能源自我们的一种"精神欲望"。

我们先来看古希腊哲学家柏拉图的思想，柏拉图提出了著名的"理念论"，区分了现象的世界和理念的世界。他认为，人所感知到的现象的世界其实是虚幻和不真实的，只是理念世界的影子而已，他还用"洞穴比喻"来阐述自己的理念论。

有个洞穴里关了一群囚犯，他们的手脚都被绑住，身体无法动弹，只能背对洞口。他们面前有一堵白墙，身后燃烧着一堆火。除了能从白墙上看到现实世界的影子，他们再也看不到其他东西，久而久之，这群囚犯就把影子当成了真实的世界。

最后，有一个人挣脱枷锁逃出了洞穴，他第一次看到了真实的世界。而当他返回洞穴，试图向其他人解释那些影子只是虚幻之物，并向他们指出光明道路的时候，囚犯们都觉得他很愚蠢，他们宣称，除了墙上的影子之外，世界上再没有其他东西了。

这就是著名的"洞穴比喻"。柏拉图试图用这个故事告诉我们，理念的世界其实就是在阳光照耀下的实物，而我们的感官所能感受到的世界，不过是那白墙上的影子而已。柏拉图的"洞穴比喻"区分了现象与本质，这种"二元对立"的思想，奠定了西方此后两千多年哲学发展的基础。

**所以，英国哲学家怀特海说：一部西方哲学史，不过是在为柏拉图作注脚而已。**

柏拉图认为，在可感的现象世界中，最崇高、最伟大和最完美的是太阳，而在可知的理念世界里，也有一个最为崇高的原则，那就是善。因为理念世界高于现象世界，所以善的原则也是统摄一切事物的最高原则。所有的感性事物或理念都是趋于善的，最终目的也都是走向善。在柏拉图看来，善是一个道德范畴，更是整个世界的终极原则。他还把理念世界划分为六个等级，越往上等级就越高，而最高等级的理念就是善的理念。

与其说柏拉图追求的是善，其实还不如说他追求的是完美、绝对和本质，在哲学里这是一种"本质主义"思想，即认为任何事物都有一个本质,现象的世界是错综复杂、变化万千的,但是在这些复杂的表象背后,有某种统一、简单、本质的规律存在。道家称之为"道"、儒家称之为"天理",而黑格尔称之为"绝对精神",三者都认为世界底层有一个更本质的原则和规律。但我们不禁要问,我们不只有因果本能,希望对未知世界追本溯源,还希望这些因果的解释有某种统一的规律,甚至是简单的法则,那么我们为什么会有这样的想法呢?

**这其实源于人的一种精神欲望或者精神本能。**

还记得前面我们介绍的人有四种欲望吗?其中三种是物质欲望,一种是精神欲望。前三种分别是生存欲望、群体依恋欲望、自我实现欲望,而最后一种就是精神欲望。精神欲望通常表现为一种本能地对秩序感的追求,也是对一致性、完美性、绝对性的追求。从根本上说,它是一种"审美欲望",这是孙利平老师提出的一个哲学概念。

"审美欲望"这个概念可能比较抽象,但我们每个人内心深处都有这种本能的冲动,包括对美好的向往,对秩序的追求,对完美的渴望……我们可以从道德以及生存本能的角度来解释这种欲望的产生,但是从根本上来说,这是一种精神欲望或者精神本能,我们很难意识到它的存在,但它无时无刻不在左右着我们的思想和行为。

比如对称性和秩序感就是一种大众默认的审美偏好,我们喜欢与自己价值观一致的人、结构对称的建筑以及有节奏感的旋律，而在这些审美偏好的背后，其实都是对"秩序感"的追求。而秩序的反面就是混乱，所以也可以说，我们天生就厌恶混乱，这也是一种本能。著名物理学家、量子力学奠基人之一的薛定谔在名著《生命是什么》中提出："人活着就是在对抗熵增定律，生命以负熵为生。"这种观点其实表达的也是类似的理念。

精神欲望是人类特有的一种本能，它表现为人对秩序感和一致性的追求。在哲学里，精神欲望又表现为人对本质主义的追求、对逻辑自洽的追求。在人生问题上，我们渴望找到人生的意义，渴望找到问题的答案，渴望完美的人生，这其实都是一种精神欲望。当然，和其他欲望一样，精神欲望的满足也会给我们带来愉悦感。当我们读完一本书，完成一件复杂的工作，混乱终结，秩序建立时，我们内心的满足感就会油然而生。

所以，从这个意义上来说，对美好生活的向往，其实不仅仅是一种向往，更是一种本能。

## 先有鸡，还是先有蛋？

世界上是先有鸡，还是先有蛋？这是一个很有趣的问题。

有一天，古希腊哲学家苏格拉底问一个年轻人："世界上是先有蛋还是先有鸡？"

年轻人不假思索地回答："鸡是从蛋中孵出来的，当然是先有蛋！"

但苏格拉底追问道："蛋是鸡下的。没有鸡，蛋是从哪里来的呢？"

年轻人又想了想说："那应该是先有鸡！"

苏格拉底依然不依不饶地追问道："你刚才已经说过了，鸡是从蛋中孵出来的。那没有蛋，又哪里来的鸡呢？"

年轻人有点儿不耐烦了，于是反问苏格拉底："那你说说，是先有鸡呢，还是先有蛋？"

苏格拉底老老实实地回答："我不知道。"

年轻人轻蔑地笑了笑说："这样看来，你跟我也差不多啊！"

苏格拉底说："不，我们不一样，你是不知道自己不知道，我是知道自己不知道。"

苏格拉底认为，知道自己的无知，能对自我进行批判和反思，这是一种智慧。所以他说："我唯一知道的就是我一无所知。"

承认自己的无知是一件知易行难的事，需要极大的勇气和智慧。老子在《道德经》中所说的"知人者智，自知者明，胜人者有力，自胜者强"，表达的大概也是类似的意思。

承认自我的无知，其实就是我们认知的起点，因为只有这样，我们才能以更谦卑的态度去求知，我们的思维才具有开放性。《庄子·养生主》中说："吾生也有涯，而知也无涯，以有涯随无涯，殆已。"这不是一种对求知的悲观，而是对自我认知局限一种清醒的认识。所以，要拓展我们的认知边界，首先就要承认自己的无知和认知的局限性。

前面我们讲过，一个人的认知能力，很大程度上是由其观念的丰富度和观念结构的灵活性决定的。而在观念结构的灵活性方面，还有一种东西非常顽固地影响着我们的思维能力，那就是信念。信念也是由一系列观念构成的观念结构，只是它稳固性极强。

信念对一个人的人生体验至关重要，因为它是我们思想和行为遵循的潜规则，但信念只是一套观念结构，或者说它只是一套假设体系。认为自己天生不善社交的人，可能不会主动与人交往；自觉天生保守的人，或许不会勇于尝试新的挑战；而认为自己注定平庸的人，可能会用这种宿命论来为自己的碌碌无为辩护。

事实上，我们的很多认知都是从一个错误的假设开始的，而这个假设一旦根深蒂固，就会成为我们的信念。

比如我们通常认为"工作就是为了赚钱"，这是很多人默认的信念，所以当我们遭遇职场不公或者身心疲惫的时候，就会在内心告诉自己，金钱可以弥补我的辛苦和付出。我们把获得工资和承受痛苦等同了起来，其实就是基于这样一个假设的信念：工作是为了赚钱，而要赚钱就必须承受痛苦。

所以，每当你工作不顺心的时候，就会加深这种信念。但工作真的只是为了赚钱吗？赚钱就一定要承受痛苦吗？其实这原是一种假设，是你的一套信念，只是你很少去质疑它而已。

你坚信有钱就能带来幸福，于是拼命赚钱。而当你有了一定积蓄却仍不幸福的时候，你会倾向于认为是自己赚的钱还不够，而不是自己的信念有问题。

你坚信信佛能带来内心的解脱。但你信了佛却依然没有如愿的时候，你会倾向于认为是自己不够真诚，而不是自己的信念不对。

你坚信自己注定一生碌碌无为，当遇到困难和挫折的时候，就会暗示自己：你看吧，我说我是一个注定平庸的人，连上天都不帮我。

我们会默默地强化自己的信念，而不是去质疑它。所以，有信念不可怕，有信念甚至是必须的。但可怕的是，我们认为信念是不可改变的，而且我们会努力去证明自己的信念是对的，这是一种思维偏见，或者说是一种认知缺陷。那如何才能避免这种认知缺陷呢？

人的认知实际上包含三个层次：二元对立、相对主义和批判性思维。

第一是二元对立。

处于这个层次的人一般认为，世界是非此即彼、非黑即白的，他们倾向于绝对化地认识任何事情。大部分小孩的认知就是这样，在他们的世界里，除了好人就是坏人。其实我们成年人也常常陷入这种二元对立的思维。我们常常把人简单地分为穷人和富人，聪明的人和不聪明的人，一件事是积极的或者消极的，等等，这些都是典型的二元对立思维。

这种思维的缺陷在于，它让我们忽视了大部分真相，认知极其片面。我们习惯于把国家划分为发达国家和发展中国家，也就是富国和穷国。而在当今的世界，其实有75%的人生活在中等收入国家，不是穷国，也不是富国，而是介于二者之间。受这种思维偏见影响，西方人还普遍认为中国人依然生活在贫穷和疾病中，个个身穿马褂，还会功夫。

我们习惯于简单地将世界一分为二，一方面是因为这种思维方式对大脑来说最为简捷，毫不费力；另一方面则是因为我们对真相缺乏足够的了解，所以只能这么简单粗暴地来做判断。

美国心理学家莉莎·费德曼·巴瑞特在她的《情绪》一书中提到了"情绪粒度"这一概念。她认为绝大多数人都觉得自己只有两种情绪：开心或者不开心。这种情绪粒度是非常粗略的，实际上，我们的情绪感受非常复杂。如果简单粗暴地把情绪分为几种，那么我们就很可能夸大或者弱化自己的情绪，这反过来也会影响我们的情绪。

而实际上，如果我们能准确地描述自己的情绪，就能极大地降低情绪的负面影响。一个高情绪颗粒度的人，可以准确地解读自己内心的各种情绪状态。如果一个人能够用不同的词，如"快乐""悲伤""恐惧""厌恶""兴奋""敬畏"来区分不同的情绪，那么他会更容易发现每个情绪的生理线索或者反应，不仅能正确解读它们，还可以有效降低自己情绪的负面影响。

第二是相对主义。

如果说二元对立是非此即彼、非黑即白的话，那么相对主义正好相反。相对主义者认为，世界没有是非对错，一切都是混沌模糊的，怎样都可以说服自己，我们常说的"佛系"就是类似的意思。他们常常持有的观点是"存在即合理""仁者见仁，智者见智"，他们擅长不假思索地合理化任何现象，但这只是一种自欺欺人的思维方式。

其实我们大脑有一种非常强大的能力，就是自我说服，为自己的行为找借口。比如我们前面说的，一旦一个人形成了某种信念，那么他就会有意寻找支持自己信念的证据，而忽视那些与自己信念相悖的证据，心理学上称之为"确认偏误"。

在相对主义思维的影响下，我们非常擅长为自己的错误、失败找借口，从而错失真正理性反思的机会。

第三是批判性思维阶段，也叫自我承诺阶段。

拥有批判性思维的人，通常都敢于质疑权威、自我怀疑，不盲目从众，也不取悦自己。他们能站到不同的角度去审视每一个观点，从而避免陷入思维偏见。批判性思维能让我们的思维更具开放性，更乐于接受各种类型的信息，无论好的还是坏的，有利的还是不利的，从而在此基础上进行独立的、理性的思考和判断。

批判性思维一方面是对我们思维过程的再思考，是我们认识能力提升的基础，另一方面也是一种更加理性和客观的思维方式。当然，批判性思维的养成需要大量的练习，尤其是需要时刻保持自我质疑。就像苏格拉底所说："我唯一知道的就是我一无所知。"这既需要智慧，也需要勇气。简而言之，承认无知是我们认知提升的起点，而拥有批判性思维则是我们认知的最佳状态。

《黑天鹅：如何应对不可预知的未来》的作者纳西姆·尼古拉斯·塔勒布说："我们冒险通常不是出于自信，而是出于无知和对不确定性的无视。"一个真正成功的人会经历两次失败，一次是无知，一次是膨胀。认知能力的提升是一个长期的过程，但保持灵活性和开放性是走向成功最基本的原则，这非常重要。

好了，第一部分的内容就到这里，接下来，我将会从幸福、自由、道德、生死、权力、财富、成功、人生等多个维度，来分享古今中外不同流派的伟大思想家对这些问题的深入思考，他们的思想和观念不仅自成体系，而且经过了千百年来实践的检验，非常值得我们学习。同时，通过对他们思想的介绍，也希望可以进一步拓展和丰富我们的观念和观念结构。

第一堂

# 幸福观

## 幸福到底是什么？

古罗马哲学家奥古斯丁有句名言："时间是什么？如果没人问我，我是知道的。但让我做出解释，我就不知道了。"

幸福其实也是类似的。每当我们思考它的时候，理性就会占据我们的头脑，理性有时候就这样成了幸福最大的敌人。这种扫兴就像一个小孩正在愉快地玩耍时，你问他"作业写完了没有"一样。当我们开始用理性思考什么是幸福的时候，问题、困惑、痛苦就会扑面而来。

法国哲学家布莱兹·帕斯卡说："想象不能赐予愚者智慧，却能给予他们幸福，这是理性所羡慕的，因为理性只能给自己带来悲伤；想象使人身披荣耀，理性则使人充满羞愧。"

幸福是人类永恒的话题。从定义来看，幸福是一个人自我满足后的情绪。自我满足有很多方式，前面我们介绍了对生存欲望的满足、对群体依恋欲望的满足、对自我实现欲望的满足，甚至对精神欲望的满足，但满足了欲望就能幸福吗？欲望的满足可以让我们获得短暂的快乐，但欲望是无止境的，因此满足欲望带来的愉悦感注定也是短暂的。

幸福和快乐不同，幸福是个体行为与自身价值观相一致时获得的体验，而快乐是自己的欲望被满足后收获的体验。

也许会有人反驳：如果我的观念结构和价值结构比较简单，就只知道吃、喝、玩、乐，享受生活，那这样的生活是不是也可以给我带来幸福感呢？其实很难，因为我们很多想法来自公共观念，这种观念是通过文化和社会环境传递给我们的。而伦理道德、传统习俗、意识形态等都是我们的公共观念，它们构成了我们价值观的底色。

假如你想靠吃、喝、玩、乐就过好这一生，且不说这种欲望难以满足，这种行为还会和你内在的克制、节俭等道德观产生激烈冲突，会让你在享受短暂愉悦的同时内心陷入挣扎和痛苦。尽管欲望的满足会给你带来短暂的愉悦感，但理性会告诉你，这不是你真正想要的人生。所以，从这个角度讲，没有人能心安理得地一直躺平。

精神欲望是人的本能，而精神欲望的本质是追求秩序感和一致性，如果你的行为和你的价值结构不一致，就会产生内在的价值冲突和矛盾，从而破坏你的内在秩序，而精神世界的秩序感被破坏之后，你的美好体验也会随之消失。

当然，这是从理性角度对幸福的理解，不过幸福始终是感性和理性的结合，人不可能永远理性，甚至大多数时候，理性只是感性的附属。

就像英国哲学家大卫·休谟所说："理性是且只是情绪的奴隶。""我宁愿毁灭全世界，也不愿意划伤我的手指，这与理性并不冲突。"

幸福本身就是一个存在很多内在冲突的概念，它包含了情绪、欲望、价值、理性等，正因为这种内在的冲突和不确定性，不同的哲学家才对幸福有着不同的理解。

亚里士多德说："幸福就是至善。"

英国哲学家罗素说："幸福的秘诀就是尽量扩大你的兴趣范围，对感兴趣的人和物尽可能友善。"

而德国哲学家叔本华认为，缺乏痛苦的程度，才是衡量一个人生活是否幸福的标准。我不应该去追求幸福，而是应该尽量避免痛苦。

痛苦是确定的，生、离、死、别、疾病、灾难……它们给我们带来的痛苦真实而又具体，而幸福只是对痛苦的短暂遗忘，这种感觉就像一个学生没有完成作业就跑去玩耍了，虽然能获得一时的快乐，但只要一想到还有作业没有做完，这种快乐就可能烟消云散。他们所体验的快乐，是建立在忘记作业没做完的基础上的，但是作业没做完是事实。而人生在世，可能永远都有未完成的作业，所以叔本华认为痛苦才是人生的本质。

但真的是这样吗？这显然是和很多人的直觉相违背的，接下来，我会介绍人类历史上几个不同思想流派的哲学家对幸福的不同理解。

崇尚快乐至上的伊壁鸠鲁学派，崇尚禁欲主义的斯多葛学派，崇尚低欲望生活的犬儒学派，崇尚理性和德性至上的亚里士多德的幸福观，崇尚逍遥自由的庄子的幸福观……这些思想和观点，彼此可能相互冲突，但它们代表了不同时代的人对幸福的不同理解，相互冲突的幸福观，并不妨碍我们对幸福的追求，甚至还可能是我们收获智慧的必备工具。

就像美国作家兼编剧菲茨杰拉德所说："同时保有两种相反的观念，还能正常行事，这是一流智慧的标志。"

实际上，每一种思想都有其适用边界，也都有其时代的局限性，就像第一部分我们说的，有信念固然很好，但认为信念不可改变，甚至还一直努力证明自己信念的正确却是极其危险的。保持观念结构的灵活性和开放性，无论何时都是最重要的原则。

## 快乐等于幸福吗？

古希腊哲学家伊壁鸠鲁有一句名言："死亡和我们并没有什么关系，因为只要我们存在一天，死亡就不会来临。而当死亡来临的时候，我们也不再存在了。"

显然，伊壁鸠鲁是非常乐观的，他的哲学也被称为"快乐主义哲学"。

在介绍伊壁鸠鲁的快乐主义哲学前，我们先来简单介绍一下伊壁鸠鲁所处的时代背景，这对理解他的思想观点非常重要。

古希腊哲学大致可以划分为三个阶段，分别是前苏格拉底时期、苏格拉底时期和后苏格拉底时期。

第一个阶段：大约从公元前7世纪至公元前5世纪苏格拉底之前。古希腊哲学的起点是"西方哲学之父"泰勒斯提出"水是万物之源"。古希腊人由此开始摆脱神创论的束缚，打开了理性世界的大门。

之后，一大批古希腊思想家开始对世界进行理性思考，比较著名的有几大学派，包括以泰勒斯为代表的米利都学派、以巴门尼德为代表的爱利亚学派、以毕达哥拉斯为代表的毕达哥拉斯学派。同时这一时期也涌现出了很多伟大的哲学家，比如提出"气本原论"的阿那克西美尼、提出"火本原论"的赫拉克利特、提出"原子论"的德谟克利特、提出"存在论"的巴门尼德，等等。

同时期哲学思想的一大特点是它们都偏向自然哲学，探讨的都是诸如世界的本原是什么、世间万物是由什么构成的这一类问题。虽然这些观点和思想在今天看来有些不可思议，甚至可以说很荒谬，但是在两千多年前的古希腊，人们就已经开始摆脱神话和迷信思想的束缚，用更加理性的态度去看待世界，这不得不说是一种巨大的进步。

第二个阶段：大约从公元前5世纪普罗泰戈拉提出"人是万物

的尺度"开始,到亚里士多德为止。这个时期最为著名的是古希腊三大哲学家:苏格拉底、柏拉图和亚里士多德。

当时古希腊哲学家们的关注点从外部的自然界转向了人类自身,从探索万物的构成转向了人性的善恶、道德等与人类自身相关的话题。而提出"人是万物的尺度"的普罗泰戈拉,可能是有史以来第一位存在主义哲学家。

之后,苏格拉底提出了"认识你自己"的观点,他一生都致力于启迪他人的思考。苏格拉底的母亲是一位助产士,而他也被誉为"精神上的助产士"。柏拉图紧随其后,提出了他的"理念论",区分了现象和本质,开启了西方哲学二元对立的形而上学传统,并在此后影响了西方哲学上千年。而亚里士多德不仅是古希腊哲学和科学的集大成者、百科全书式的思想家、传统逻辑和生物学的创始人,还第一次系统地提出了"形而上学"的概念和思想体系,为西方哲学的发展奠定了基础。

可以说,这一时期是古希腊思想最为繁荣的时期,但同时也是古希腊社会和文明由盛转衰的时期。古希腊先后经历希波战争和伯罗奔尼撒战争,后来又被以亚历山大为首的马其顿帝国所征服,一个繁荣富强的民主城邦制国家,就这样逐渐走向了衰落和瓦解。

第三个阶段:在苏格拉底之后的几个世纪。尽管古希腊文明日益衰落,但这一时期还是出现了古希腊的四大思想流派:犬儒学派、伊壁鸠鲁学派、斯多葛学派和怀疑主义学派。这一时期古希腊哲学家的特点是：他们对世界毫无兴趣，也不关心国家和社会的发展，他们唯一关心的只有人自身的感受，以及如何获得快乐和幸福……比如伊壁鸠鲁学派追求快乐至上，斯多葛学派追求禁欲与克制，犬儒学派追求清淡寡欲，等等。

回顾古希腊这三个阶段的思想发展，我们可以发现，每个时期的思想文明都和这个时期的历史背景高度相关。伊壁鸠鲁的"快乐主义哲学"就是其中的典型。伊壁鸠鲁学派常常被认为是"享乐主义"的信徒，甚至"纵欲主义"的代表。但实际上，他们追求的快乐和享乐是不一样的，他们提倡理性、节俭、朴素的生活方式，所追求的快乐也是一种简单的快乐。而其主要宗旨是要达到不受干扰的宁静状态，并要人们学会从中发现和享受快乐。

伊壁鸠鲁学派的创始人是伊壁鸠鲁，他是古希腊的哲学家和无神论者，也被认为是西方第一个无神论哲学家。他出生于古希腊城邦萨摩斯，父母都是雅典人。伊壁鸠鲁14岁开始学习哲学，18岁搬到了雅典，他曾就学于柏拉图学派，其思想受到德谟克利特和亚里士多德等人的影响。伊壁鸠鲁继承和发展了德谟克利特的哲学，建立了自己的思想体系。

公元前306年前后，他在雅典买下一个花园，创办了一所学校，由此他所开创的伊壁鸠鲁学派也被称为花园学派。伊壁鸠鲁的学校里有男有女，还有奴隶，这里以充满友谊著称，伊壁鸠鲁

第一堂 幸福观

也将"友谊"视作获得快乐的第一原则。

他说:"确保终身幸福的所有努力中,最重要的是结识朋友。""智慧提供给整个人生的一切幸福之中,以获得友谊最为重要。"

伊壁鸠鲁的学说广泛传播于希腊和罗马世界。而伊壁鸠鲁学派作为最有影响的学派之一,一直延续了四个世纪。该学派主要宣扬远离世俗纷扰,寻求简单的快乐和幸福。虽然他们把快乐与幸福等同,但坚决反对在快乐与享乐之间画等号,伊壁鸠鲁区分了三种不同的快乐:

首先是自然的和必需的快乐,比如食欲。

其次是自然的但不是必需的快乐,比如性欲。

最后是既不是自然的又不是必需的快乐,比如虚荣心。

伊壁鸠鲁在比较了各种快乐的得失后提出,静态快乐要高于动态快乐。他尤其追求精神的宁静,为此还分析了现实世界会对人的心灵产生纷扰的三个因素:

第一个是对自然灾害的恐惧。这些灾害包括地震、海啸、台风等不可预测的自然灾害。

第二个是对死亡的恐惧。死亡的不确定性和必然性,会让我们心生不安,但伊壁鸠鲁认为这是完全没有必要的。就像我们一开始提及的伊壁鸠鲁的那句名言一样。

第三个是不和谐的人际关系。人在社会中难免与人打交道,而人与人交往又难免产生各种摩擦，我们的心灵很容易就会受到干扰。

如何避免这些因素对心灵的困扰呢？伊壁鸠鲁也提出了自己的观点。他继承了德谟克利特的"原子论"，认为世界是由一堆原子构成的，并不存在所谓的神。作为一位典型的唯物主义者，他认为自然界一切现象，比如自然灾害，生、老、病、死等，都是由自然造成的，跟神无关。

总体来说，伊壁鸠鲁学派提倡的是快乐哲学，但不是纵欲和享乐哲学。在古希腊文化和社会日益衰落的背景下，人们开始关注自身的幸福和快乐，这一时期各个思想流派由此染上了强烈的个人主义和人本主义色彩，也再一次证明：每一种思想都很难超越它所处的时代。

## 所有的痛苦都源自两个错误

前面我们介绍了，在古希腊的文化和社会走向衰落的背景下，人们开始关注自身的幸福和快乐，这是该时期各个思想流派的共同特点。伊壁鸠鲁学派崇尚简单快乐的生活，认为这种简单快乐且心灵不受纷扰的生活就是幸福，而这种简单的快乐是以理性、乐观和低欲望为基础的。

与此同时，还出现了一个与伊壁鸠鲁学派相对立的思想流派，那就是斯多葛学派。两者的对立集中体现在对欲望的理解上，斯多葛学派主张克制欲望，甚至禁欲，他们主张过理性和自然的生活，成为欲望的主人而非奴隶。

在具体介绍斯多葛学派的幸福观之前，让我们先简单了解一下其产生的背景。

斯多葛学派的创始人是古希腊哲学家芝诺，该学派之得名，是因为他们经常在雅典集会广场的画廊聚众讲学，而这个广场的名称从古希腊语翻译过来就是"斯多葛"。

芝诺的哲学观点受到了苏格拉底和赫拉克利特的影响，他当时接受了赫拉克利特的"火本原论"，同时也十分认同赫拉克利特的"逻各斯"概念。这里有必要说明的是，逻各斯是西方哲学中一个非常重要的概念，在古希腊语中，它是"话语"的意思，也可以引申为规律、法则、尺度、理性和逻辑……

赫拉克利特认为，万物表面形态各异，且始终处于变化中，但它们都遵循同一个逻各斯。也就是说，逻各斯是宇宙万物背后的规律或者法则，这和我们道家所谓的"道"有点儿类似。

总之，这个概念是赫拉克利特最早引入哲学的，此后深刻影响了斯多葛学派的思想，他们认为自然万物背后有一个永恒不变的规律和法则。因此，斯多葛学派非常强调顺应自然和尊重自然规律。

芝诺说:"与自然相一致的生活,就是道德的生活,自然指导我们走向作为目标的道德。"

这种思想和我国道家的思想是非常类似的,老子在《道德经》里说:"人法地,地法天,天法道,道法自然。"

在道德伦理层面,芝诺也接受了苏格拉底的学说,最终形成了斯多葛学派的主体思想。斯多葛学派较伊壁鸠鲁的快乐哲学更趋保守,他们主张用理性节制欲望,以达到心灵的安宁和幸福,所以,斯多葛学派的学说常被称为"禁欲主义哲学"。

另外,斯多葛学派还有几个重要的哲学家,例如塞涅卡、爱比克泰德、马可·奥勒留,其中奥勒留是第一位哲学家皇帝,作为斯多葛学派晚期最著名的代表,他写的《沉思录》赫赫有名,值得一读。

塞涅卡是古罗马的政治家和哲学家,他的基本观点是:对各种世俗的诱惑,我们始终要保持一种不动心的态度。塞涅卡强调道德的内向性,认为外在的善恶无关紧要,美德与幸福只在于个人心灵的宁静。他有一句名言:"愿意的人,命运领着走。不愿意的人,命运拖着走。"这其实也是强调人应该顺应自然,甚至是顺从天命。

爱比克泰德是斯多葛学派早期的一位哲学家,一开始他只是一个奴隶。他早年受尽了屈辱,差点被打死,后来因为才华出众、精通哲学,幸而被主人释放。但他之前的痛苦经历成了他一生的财富。爱比克泰德有一个著名的观点，他说："接受你无法改变的，改变你可以改变的。"爱比克泰德提出，在我们遭遇人生痛苦和挫折的时候，要时刻提醒自己：你能控制什么，不能控制什么。爱比克泰德还列了一个长长的清单，关于哪些是我们无法控制的，比如身体、财产、名声、工作、父母、朋友、天气、过去和将来，以及我们必将死去这一事实。那什么是我们可以控制的呢？在其看来，我们能够控制的只有一个，那就是我们的信念。

爱比克泰德说，看起来我们能控制的非常少，但正是这个小窗口，才是人类自由、自律和独立自主的基础。因为没有人能够真正强迫你去相信违背自己意志的东西，能抢劫你的自由意志的人是不存在的。此外，我们对外部世界发生的事情，只有很有限的控制能力，我们必须接受这一点，不然我们就会生气、害怕，大部分时间还可能过得很悲惨。

爱比克泰德认为，人类大部分的苦难都源自两个错误：第一个是试图控制无法控制的；第二个是没有承担起对我们所能控制之物的责任。

斯多葛学派强调顺从天命，安于自己的本分和地位；强调人与自然和谐相处，过恬淡寡欲的生活，如此才能得到幸福。他们认为自然界的一切发展和变化都是有规律的、符合理性的，所以要尊重和顺应自然。用通俗的话来说就是："一切都是最好的安排。"当然斯多葛学派并非对现实妥协，而是强调接受我们无法改变的，去改变那些我们可以改变的。

另外，斯多葛学派对后世的伦理哲学也有重要贡献，他们首次提出了"人人平等"的观念。后来，近现代法国哲学家卢梭在其经典代表作《社会契约论》中进一步阐述了这一思想，也提出了"人生而平等"的观点。

总的来说，斯多葛学派的幸福观有两点至关重要。首先是人应当过一种符合自然的清心寡欲的生活，这样的生活就是幸福的生活。其次是人应当克制自我的欲望，尤其是控制外在事物的欲望。

斯多葛学派主张保持理性的克制，只关注那些我们可以控制的事物，而选择接受那些我们无法控制的东西，这样就可以把我们的痛苦降到最低。所以，相较于提升幸福，斯多葛学派更强调通过克制欲望来降低痛苦。

在这一点上，斯多葛学派的思想和后来德国哲学家叔本华的思想十分接近。叔本华认为，人生的本质是痛苦，痛苦是确定的，而幸福是不确定的，我们所能做的只是降低痛苦。而欲望的一个重要表现，就是试图控制外在事物。所以，斯多葛学派认为，一个人变得焦虑、偏执、愤怒和无助，往往是因为受欲望的驱使，过度关注超出自己控制范围之外的东西，比如名誉、金钱、地位、社交关系。而爱比克泰德说，通过提醒自己什么是我们能控制的以及什么是我们不能控制的，我们就能够克服自己的无助和绝望感带来的痛苦。

## 请让开一点，不要挡住我的阳光

近两年来，"躺平"成了大家谈论的热点话题，从佛系到内卷，再到躺平，这多多少少体现了现代人对生活的无力感。关于"躺平"，可能犬儒学派最有发言权了，他们可以说是"躺平"界的鼻祖。

前面我们介绍了在后苏格拉底时期的古希腊有几个主要的思想流派，例如伊壁鸠鲁学派、斯多葛学派、犬儒学派等，这几个学派的思想观点与前苏格拉底和苏格拉底时期时期有很大的不同，他们关注的焦点是人自身的幸福和快乐。他们不关心宇宙万物的构成，不关心知识与美德，只关注人自身的生存状态。

之所以有这样的转变，与古希腊文明在希波战争和伯罗奔尼撒战争之后由盛转衰密不可分。因为受到外族入侵，很多人流离失所、家破人亡，社会道德也日渐沦落。在这种大的社会环境下，思想家们把关注点转向人自身的生存状态也在情理之中。

这种现象不仅出现在西方的古希腊，也出现在我国古代。作为道家学说的开创者，虽然庄子和老子一脉相承，但是因为两人生活的历史环境完全不同，他们的思想也有所差别。老子生活在春秋时代，虽然礼崩乐坏，周王朝也趋于衰落，但是社会环境毕竟还是比较安定的。而到了庄子生活的战国时代，战火纷飞，民不聊生，社会环境发生了巨大的变化。在这种情况下，庄子思想中消极避世的倾向就变得更严重了，这其实是跟大环境分不开的，思想很大程度上都是时代的产物，能在一定程度上超越时代的思想都是非常伟大的。

我们还是回到犬儒学派，犬儒学派的宗旨就是"像狗一样生活"，不过这和我们今天所说的"躺平"不太一样。对犬儒学派来说，这并不是一种被动的选择，而是一种主动的追求。关于这种生活方式，有一个著名的故事。

公元前4世纪，马其顿帝国的亚历山大大帝刚刚征服古希腊，听说当地有一个叫第欧根尼的人非常有智慧，于是前去拜访。当时第欧根尼正在晒太阳，亚历山大大帝走上前，问他想要什么赏赐，并且保证会兑现他的愿望。

第欧根尼回答说："我就希望你让开一下，不要遮住我的阳光。"

后来亚历山大大帝感慨地说："我若不是亚历山大，我愿是第欧根尼。"

这就是那个著名的"躺平"界鼻祖的故事，显然"躺平"是第欧根尼自己主动选择的生活方式，那他为什么要这么做呢？

第欧根尼是犬儒学派的重要代表人物，他师承该学派的创始人安提西尼。而安提西尼的老师就是大名鼎鼎的苏格拉底，但在雅典日益衰落和苏格拉底被处死之后，安提西尼放弃了之前对知识的执着，开始追求一种返璞归真、清心寡欲的生活方式，并就此创建了犬儒学派。

犬儒学派鄙弃俗世的荣华富贵，要求人克己无求、独善其身。如果用我们之前讲的四个层次的欲望理论来解释的话，可以说犬儒学派鄙视对物质欲望的追求，而更强调满足自己的精神欲望。他们的生存本能欲望、群体依恋欲望和自我实现欲望并没有那么强烈，反而更强调追求一种精神的宁静和解脱，这是犬儒学派与伊壁鸠鲁学派和斯多葛学派不一样的地方。

犬儒学派十分鄙视物质欲望。据说第欧根尼曾住在一个木桶里，他所有的财产就只是这个木桶、一件斗篷、一根棍子和一个面包袋。犬儒学派的信奉者通常躺在光溜溜的地上，光着脚、赤裸上身，还胡子拉碴的，看起来就像乞丐或疯子，虽然听上去有点儿夸张，但这就是他们所追求的一种生活方式，也是他们认为自由和幸福的生活方式，他们唯一的信仰是友爱。他们的友爱不仅仅存在于人与人之间，还存在于人与动物之间。

犬儒学派的信徒物质欲望很低，只要求基本生存需求的满足，但他们主张通过道德的解放和精神的自由过上幸福的生活。他们不是真的疯子和乞丐，他们通过戏剧、诗歌和散文的创作来阐述其学说，向那些愿意倾听的人传道，而且追随者众多。

犬儒学派建议抛开那些造作虚伪的习俗，摆脱繁文缛节和奢侈享受，因为只有这样，才能过一种自由的生活。富人认为他们住着宽敞的房子、穿着华贵的衣服，拥有马匹、仆人和银行存款。

但实际情况却是,他们相当依赖这些物质,为此费心劳神,甚至把一生的大部分精力都耗费在这上面。犬儒学派认为这样的人是物质欲望的奴隶,而不是主人。他们为了获得这些虚假浮华的东西,不惜出卖自己的独立性,却忘了唯有自由才是真正重要且持久的东西。

犬儒学派的哲学家们主张个人精神的自由,轻视一切社会习俗和礼仪规范,过着禁欲的简朴生活,他们经常被人耻笑,却毫不在意。

**他们的信念是:人要摆脱世俗的利益而追求唯一值得拥有的善。**

他们以为,真正的幸福并不仰赖稍纵即逝的外部环境。每个人都可以获得幸福,而且一旦拥有就绝对不会再失去。人无须担心自己的健康,也不必担心别人的痛苦。犬儒学派对之后的斯多葛学派产生了深远的影响。

尽管也有人将犬儒学派的主张视为一种穷人的自我安慰,但这其实是他们的一种主动选择,他们清晰地区分了需求和欲望的不同,还把幸福和自由等同起来,尤其是视精神的自由为幸福的生活,在物质生活如此丰富的今天,这其实很难做到,因为我们面临的诱惑太多了。

这种思想曾流行于两千多年前的古希腊和古罗马,时至今日,质朴、简单、低欲望的生活,以及对精神自由的追求,依然受到很多人的推崇。没有财富的人,也可以自得其乐,过着一种简单、自然、快乐而又自由的生活。

在后苏格拉底时期，很多学派都从关注世界、国家、社会和道德，转而开始关注人自身的感受和幸福，比如伊壁鸠鲁学派崇尚快乐和幸福，而斯多葛学派主张禁欲主义，这些应运而生的学派身上都带有深刻的时代印记。

在介绍了后苏格拉底时期的古希腊犬儒学派、斯多葛学派和伊壁鸠鲁学派三个主要的思想流派之后，让我们把时针往回拨，来到苏格拉底的时代，看看柏拉图和亚里士多德，探究一下他们的幸福观又有什么不同。

## 幸福的生活，就是灵魂合乎德性的生活

亚里士多德说，幸福就是至善；幸福的生活，就是灵魂与美德相一致的生活。

亚里士多德提出了哲学上著名的"四因说"，即形式因、质料因、动力因和目的因，我们可以从这四个方面来区分所有事物，而其中最重要的是目的因。在其看来，世间万物的存在都有一个目的，当然，这其实是一种带有决定论和目的论色彩的哲学观点。

基于这样的目的论，亚里士多德自然认为，人的存在也应该有一个终极的目的，而这个终极目的就是善。

前面我们介绍过，善是理念的最高原则，这是亚里士多德从他的老师柏拉图那里借用过来的概念。

柏拉图认为，在可感的现象世界中，最崇高、最伟大和最完美的是太阳，而在可知的理念世界，也有一个最崇高、最完美的理念，这个理念就是善，所以，在柏拉图那里，善不仅仅是一种道德规范，更是一种对完美的精神追求。

但是在亚里士多德这里，善不仅仅是一种理念，还是一种实践，它是一种至高的德性，也是所有人最终的追求。亚里士多德认为，人类的所有活动都是为了获得某种善，人应该通过自己的努力去追求终极的善。这个灵魂与美德相一致的追求过程，最终导向一种幸福的生活。所以，在亚里士多德的幸福观里，只有合乎善（德性）的行为才能获得幸福。

亚里士多德把幸福分为三类：肉体之乐、世俗之乐和灵魂之乐。所谓肉体之乐，是指满足人性本能所带来的快乐，比如享受美食和满足性欲之乐；世俗之乐，是指通过财富、地位、名誉、声望等获得带来的快乐；灵魂之乐，是指通过满足人的精神欲望，实现精神追求所获得的快乐。在其看来，幸福和快乐是有层次、有差别的，唯有灵魂之乐才是最高级的快乐。

亚里士多德指出，人性中最高级的动力，比如对知识、美德、实现自我价值的追求等,都会带来精神或者灵魂上的愉悦,会给我们带来强烈的幸福感。

在20世纪70年代的一项心理学研究中,心理学家们证明了亚里士多德的这种理论,当时两位心理学家发现,人类并不像自由主义心理学所认为的那样,是一种完全受利益驱使的动物。他们通过一系列实验表明,人类如果发现一项事业是有意义的、有挑战性的、有趣且好玩的,即使能得到的钱较少,甚至拿不到什么钱,他们也会全力以赴。这就是为什么很多从事慈善和公益事业的人,他们的幸福感反而会比较强的原因。

在亚里士多德看来,人天然具有追求善的本能倾向,而这个追求的过程就是通往幸福的过程,这其实就是我们之前说的,当一个人做与自己价值结构相一致的行为时,他所收获的幸福感就是最强烈和持久的。

就如何让灵魂和美德相一致这个问题而言,柏拉图和亚里士多德提出了不同的观点。亚里士多德认为,人的灵魂中有理性的部分也有非理性的部分,这些都是我们的本性,我们不能强行用理性压制非理性,当然也不能放纵自己的非理性,而应当在两者中找到一个适宜的平衡点。

亚里士多德在此引入了一个概念:黄金分割点。我们一些重要的美德,例如勇敢、节制、幽默、友好、耐心等,无不存在于两种极端之间的黄金分割点上。具体而言,勇敢是过度鲁莽和过度怯懦之间的黄金分割点，幽默是过于严肃和过于滑稽之间的黄金分割点，而如何找到两个极端之间恰当的分割点则是一门需要实践和练习的学问。

亚里士多德认为，我们养成美德的唯一方法，就是在现实生活中不断练习，直到它们变成我们的本能。而这也正是亚里士多德和他的老师柏拉图在幸福观上的一点分歧。

柏拉图推崇的幸福观是建立在绝对理性基础上的，这种观点重视精神的体验，而忽视了实践活动的作用。众所周知，有一种爱情观名为"柏拉图式爱情"，这是一种追求纯粹的心灵沟通，注重理性精神的纯洁爱情，反对一切情欲。

为什么柏拉图更追求纯粹的精神和理性呢？他曾提出著名的理念论，并对现象世界和理念世界加以区分。他认为，相较于我们肉眼所见的现象世界，理念世界才是更真实、完美和本质的世界。而柏拉图的幸福观也延续了他对精神世界或者理念世界的崇拜和追求。

柏拉图认为，幸福就是灵魂（精神世界）的和谐。而灵魂由三个部分组成，分别是理性、激情以及欲望，这三个部分又分别对应智慧、勇敢和节制三种德性。只要这三个部分达到某种程度的平衡与和谐，人就是幸福的。

柏拉图还指出，正义是让灵魂达到和谐的一种手段，这是因为它可以让智慧、勇敢和节制三种德性彼此协调，和谐共处。但不管怎样，柏拉图的幸福观更关注的是精神世界的和谐与完美。

与柏拉图不同，亚里士多德认为，真正的幸福需要智慧和实践相结合，实践活动同样非常重要。他指出，真的"德"分为两种：智慧之德和行为之德。前者是从学习中得来的，后者是从实践中得来的，而真正的美德是智慧和实践二者的结合。简单来说，亚里士多德认为的美德是一种自然之德，它不是绝对理性，不局限于精神层面，也不是绝对非理性，而是一种"合理性"，这其实与我国儒家思想推崇的中庸之道非常类似。

综合而言，柏拉图认为灵魂或者精神世界的和谐才是获得幸福的关键，幸福就是灵魂的和谐；而亚里士多德则认为幸福的生活是灵魂合乎德性的生活，幸福必须要在现实实践活动中去获得。

## 至乐无乐，至誉无誉

如何才能获得幸福和快乐呢？

庄子说："至乐无乐，至誉无誉。"

在庄子看来，最高的快乐就是没有快乐，最高的荣誉就是没有荣誉，这句话非常反直觉，那么庄子到底在说什么呢？

前面我们分享了古希腊几个思想流派的幸福观，亚里士多德认为幸福就是灵魂与美德相一致，伊壁鸠鲁学派追求简单的快乐，斯多葛学派追求禁欲和理性的生活，而犬儒学派追求精神的自由。总的来说，古希腊的哲学家们把追求德性和克制欲望视为获得幸福的两个主要途径。

古希腊人追求的幸福是明确和具体的，而庄子反直觉的幸福观却是相当宏大的。那么为什么庄子认为最高的快乐就是没有快乐呢？

幸福和快乐是人类永恒的追求，庄子当然知道这一点，《庄子·至乐》里说："天下有至乐无有哉？"天底下到底有没有极致的快乐呢？

在回答这个问题之前，让我们先来看看西方哲学家和心理学大师们对这个问题的回答。

哲学家康德在《道德形而上学》中说，一种有教养的理性越是蓄意谋划生活上的享受与幸福，这个人也就越发得不到真正的幸福。

康德认为，我们有两种方式可能获得最大的快乐和幸福：一是通过理性；二是基于本能。不过哪种方式更好呢？

他对此问道，如果把大自然看成一个理性的造物者，那么它是如何获得福祉的呢？如果大自然是绝对理性的，那么它的所有行为规则就都是由理性来支配的话，世界的一切也都是被安排好了的，整个世界就像钟表一样，按部就班地精确运行。但真的是这样吗？显然不是！

我们都知道，自然选择才是大自然的进化规律，而它是随机和盲目的，大自然并没有特定的目的，而自然选择完全是大自然的本能反应，这种反应就像人看到猛兽会逃跑，手指被火烧到会退缩一样。

康德说过这样一段话，大意是：理性唯一所能做的，就是对自然所予的幸福构造给予悉心关注，去赞誉它，尽情享有它。理性并不能指导或者干预大自然的目的和意图。大自然会仔细谨慎，不让理性闯入实践应用领域，也不会让它有这样的假想，以其浅薄的见识，就能为自然自身想象出实现幸福的方案和完成方案的手段。大自然会同时考虑目的与手段的选择，基于其深远的见识，它必将使目的与手段两者完全托付于本能。

其实对人是理性动物还是感性动物这个问题，休谟也有类似的见解。康德认为大自然是按照本能发展的，休谟认为其实人也是。休谟还说："理性是且只应是激情的奴隶，并且除了服从激情和为激情服务之外，不能扮演其他角色。"休谟认为决定人们言行的是感性而不是理性，纯理性的判断是不存在的，任何看似基于理性的决策，背后的决定因素和根本驱动力都是感性。

著名经济学家、心理学家、诺贝尔经济学奖得主丹尼尔·卡尼曼在其《思考，快与慢》一书中，把人类大脑的思维决策系统分为系统一和系统二。系统一凭直觉和本能做决策,速度很快;系统二凭理性和逻辑分析做决策,速度缓慢且耗时费力,因此懒惰的大脑一般不会调用系统二来进行分析和决策。大量的心理学实验表明,人类的绝大部分思维和决策,其实都是由系统一完成的,感性、直觉或者本能才是人类思维和决策的主角。

其实,感性或者说直觉主导我们的思维并不奇怪。在数百万年的人类进化史上,人类的祖先大多数时间都是靠本能生存繁衍的,而理性出现的时间要晚得多,晚至人类开始大规模群居生活,掌握了工具、语言和文字之后,人类才开始用理性的大脑分析和解决问题。而此前绝大部分时间,人类都是依靠动物本能或者说动物本性生活在这个地球上。

不管是康德所谓的本能、休谟所说的情绪,还是心理学家们眼中的感性,其实都是人类的本性。那这些和庄子的幸福观有什么关系呢?

尽管《庄子·至乐》篇集中讨论的问题正是如何获得快乐和幸福,但庄子要讨论的显然不是人类自己的幸福和快乐,而是所有的生命的幸福和快乐。庄子问,所有的生命都可以获得快乐和幸福吗?当然是可以的!

那如何做到呢?《庄子·养生主》中又说:"泽雉十步一啄,百步一饮,不蕲畜乎樊中。神虽王,不善也。"

生活在沼泽地里的野鸡,走十步才啄到一口食物,走百步才饮到一口水，可是它并不希望被养在笼子里。虽然养在笼子里不必费力寻食，精力旺盛，但它却是不快乐的。

庄子还举了一个千里马的例子。我们喜欢千里马，所以称赞伯乐，觉得是伯乐发现了千里马。但是我们不知道的是，伯乐也给那些不是千里马的马造成了巨大的伤害。庄子说，马本来按照自己的本性生活得好好的，但是伯乐的出现改变了一切。

有一天，伯乐说他非常善于治马，可以帮大家治出千里马，于是伯乐就用烧红的烙铁在马身上打上印记，拿剪刀修剪马的鬃毛，削平马掌，给马戴上马笼头，还用缰绳把它们拴在一起。经过这么一番折腾，十之二三的马都死了。然后，伯乐不让它们吃草，不给它们喝水，用皮鞭和竹条把马赶出去比赛，看谁跑得快，再这么一折腾，马已经死去一半了。

这一切是谁造成的呢？当然是伯乐！

伯乐让一部分马获得了快乐，但是牺牲了大部分马的快乐，甚至给大部分马带来了痛苦，这样的快乐还能算是快乐吗？显然不能。那如何才能让所有的生命都收获幸福和快乐呢？庄子认为只有"无为"才能做到。

庄子继承了老子"无为而无不为"的思想。庄子认为，天地看起来没有做什么，但是天地间的万物都自然繁衍，生生不息，这是一种集体的"无为"状态。"无为"就是依靠本能和本性去生活，没有过多的人为干预，也没有多余的欲望和私心。

但我们人类所谓的快乐和幸福，都包含某种目的，这是一种"有为"，而这种"有为"很多时候其实是建立在伤害他人的基础上的。就像伯乐发现了千里马，却伤害了大量不是千里马的马一样，这种"有为"的快乐不是真正的、普遍意义上的快乐。

所以，庄子提出了"至乐无乐"。他认为真正的、普遍的快乐，是大家都不去刻意追求快乐，不以快乐为目的，尤其是人类不要去为了追求自己的享乐而伤害自然万物，只有这样，才能实现一种人与自然和谐美好的状态。

我们可以将庄子乃至道家思想中的"无为"理解为一种本能或本性，而将"有为"理解为理性，任何"有为"在老子和庄子看来，都带有某种不好的目的和意图，而任何一种目的和意图都是对自然秩序的破坏，都会让事物偏离它的本性，当然这也包括人类单方面去追求自己的快乐和幸福，这是道家思想所反对的。

在庄子看来，世人都将有所作为视作自己快乐和幸福的源泉，但这种快乐是一种狭隘的快乐。趋炎附势成为常态，追逐利欲成为常情，大家以为这是快乐，但我却把"无为"当作真正的快乐。此外，庄子还认为"无为"小到能定是非，大到有利于天地和谐，有着无穷的妙用。

庄子的快乐是一种更宏大、格局更高的快乐。他认为，自然万物都有自己的习性，而按照自己的习性生活就是一种快乐，而扰乱了各自的习性和本性，就会带来伤害，丧失快乐。只有大家都保持一种"无为"的自然状态，才可以让天地万物都能获得快乐，否则，个体所谓的快乐就只能是单方面的、局部的和狭隘的。

道家思想博大精深，而其核心理念就是：自然无为。在幸福观上，庄子的"无为"又表现为逍遥。庄子提到古时候的至人，说他们"假道于仁，托宿于义，以游逍遥之虚，食于苟简之田，立于不贷之圃"，这种理想中的人把"仁"视作借路，把"义"看作暂住，遨游于逍遥自在的境界，生活在简朴的田野，立身于不施予的园圃之中。生活简朴，就容易满足；不给予，也就没有消耗。而这样的人，自然也就是幸福的人了。

## 人与动物的一个重要区别

前面我们介绍了东西方哲学里不同思想流派对于幸福的不同理解，但在这些对幸福和快乐不同的追求背后，有没有更深层次的本质的东西呢？

接下来，我们从一个全新的角度来理解幸福。首先我们要区分三个不同的概念：需求、欲望和渴望。

从广义上来说，欲望是人乃至动物的一种本性，是为了达到某种目的的要求，欲望并没有善恶美丑高低贵贱之分，它只是一种本能。可以说，世界上所有动物的行为都是受欲望驱动的，它是一种最原始的本能，甚至植物向上生长的力量，也可以理解为欲望。

从狭义上来说，欲望又分为正常的欲望（又称需求）和过度的欲望（下文简称欲望）两种。生存欲望和群体依恋欲望更多是一种本能，或者说是一种需求，而自我实现才是真正的欲望。一切动物和植物最基本的欲望就是生存或者说存在，这其实是一种需求；而欲望是人类特有的一种额外需求，一种过度需求。

老虎扑食猎物，只是为了满足自己的生存需要，吃饱之后，它不会去抢别人的食物，当然更不会嫉妒其他动物嘴里的食物。人类则不然，你本来每天粗茶淡饭过得挺欢乐，但有一天听说隔壁老王每天大鱼大肉的时候，你的粗茶淡饭忽然就不香了，你想要更多美味佳肴。

需求和欲望其实不难理解，但是要在现实生活中区分它们很重要，如果你总是不满足于需求，而追求更多的欲望，就会产生痛苦。

从需求和欲望出发，我们再来看东西方的幸福观，就会理解得更透彻。不管是追求禁欲和理性的斯多葛学派，还是追求低欲望的犬儒学派，他们都追求生而为人基本需求的满足，而主张克制多余的欲望。就像第欧根尼的所有财产就只是一个木桶、一件斗篷、一根棍子和一个面包袋一样，他们认为满足了基本需求之后，应当去追求精神的自由，而非更多的欲望，这样更容易获得幸福和快乐。

我们再来看道家思想，之前我们讲了，庄子追求逍遥自在的生活。他认为逍遥就是无为，故而推崇一种自然无为的生活方式，以为只有这样才能最大限度让所有生命都获得幸福和快乐。庄子主张"无为"而反对"有为"，认为任何带有某种目的和意图的行为都只会给其他人和物带来痛苦，由此收获的快乐也是狭义和局限的。

其实，我们也可以用需求和欲望来区分"无为"和"有为"。"无为"并不是什么都不做，它追求的是行为的恰当性和合理性，或者说它要求的只是满足需求的行为，而非追求欲望的行为。狮子捕猎、羊吃草等都是自然而然的行为，是一种基本需求，这就是"无为"；而伯乐为了挑选千里马伤害了许多不是千里马的马，这就是"有为"，所以庄子批判伯乐的行为。

其实满足需求和追求欲望，恰恰是人和动物之间一个重要的区别。

对欲望的无尽追求是人类特有的现象，人类为了满足一己私欲常常犯下种种恶行，这在自然界可以说是独一无二的。

加拿大心理学家乔丹·彼得森在《人生十二法则》一书中说："只有人类可以为了制造痛苦而折磨他人，只有人类拥有这令人发指的能力，邪恶二字的定义无非如此。动物做不到这一点……人类很善于作恶,这在自然界里是独一无二的。我们可以在预知后果的情况下主动或者刻意让事情变得更糟。"

西方宗教中说人有"七宗罪":傲慢、嫉妒、暴怒、懒惰、贪婪、暴食和色欲。此外,人性恶的一面还包括丑陋、羞愧、惶恐、自卑、懦弱、愤恨和抱怨,等等,而这一些特殊本性的背后,是人类的欲望在作祟。

我们可以为了满足欲望不择手段,这在其他动物中是不会出现的现象。满足需求是必须的,但满足欲望则不然。所以,斯多葛学派哲学家爱比克泰德提醒我们,时刻问自己什么是我们能控制的,什么是我们不能控制的,我们就能够避免无助和绝望所带来的痛苦。满足基本需求是可控的,然而对欲望的追逐往往会脱离我们的控制。

同时,欲望的满足所带来的愉悦感是短暂的,而追求欲望的过程又是漫长且痛苦的。所以叔本华说,痛苦才是人生的底色。生命就像一团欲望,欲望得到满足就会无聊,欲望得不到满足就会痛苦,人生就像钟摆,永远在痛苦和无聊之间左右摇摆。叔本华虽然没有区分欲望和需求的不同,但他对人性的洞察是非常深刻的。

实际上,只要我们合理区分需求和欲望,就可以避免大部分的人生痛苦。

也许有人会反驳,如果都像斯多葛学派和犬儒学派的哲学家们一样过一种清淡寡欲的生活，生活岂不是也很无聊，没有意义？所以，接下来，我们就来看看另外一个跟欲望很接近的概念：渴望。

欲望和渴望不同，前者是一种超出了合理需求的需求，是一种不合理的需求，而后者是一种合理的、正当的需求。区分这两者是非常重要的，前面我们介绍过意义和价值的不同：意义是内在赋予的，而价值是环境赋予的。那我们该如何赋予自己内在的意义感呢？

答案是，通过"渴望"就可以。

芝加哥大学哲学家艾格尼斯·卡拉德写了一本书叫《渴望：成为自主的过程》，她在书中分析了"渴望"的价值。

小时候，我们经常会被问到，你长大了想成为什么样的人，科学家、艺术家，还是老师？这是父母和师长在我们内心深处种下的一粒名为渴望的种子。

从本质上说，渴望是来自每个人内心深处的一种对美的向往；而欲望则来自大脑的想象，是由于外部环境的刺激而诱发的一种冲动。

你想要更好的名牌包包，因为你朋友也有一个，这是欲望；但你希望成为一个音乐家或者画家，并不是因为这两种职业挣钱更多，而是源于你内心的一种想法——你希望成为更好的自己，而且这个自己是符合你的内在价值观的，这就是渴望。

欲望往往跟物质相关，它是对物欲的一种追求，而渴望更多是一种精神追求。

欲望让我们更关注结果，买了包包之后，你可能会心满意足、很开心，但是在没有拿到包包之前，你可能陷入痛苦和焦虑之中；而渴望让我们更关注过程，你渴望成为一位画家，就会更享受每天画画的过程，哪怕你可能永远都成不了一位画家，但你的每一天都会觉得很有意义，因为你知道自己有渴望、有追求，这是一种积极向上的动力。

其实追求渴望的过程，就是你赋予自己人生意义的过程。假如你是一位外卖小哥，却渴望成为一位哲学家，那你在闲暇之余会享受阅读哲学著作所带来的幸福感，尽管你可能永远都不会成为一位哲学家。渴望更大的意义在于，它让我们拥有更高的价值追求，让我们不满足于当下需求的满足，而去探索和追逐更好的自己。

**对欲望的追求会致人堕落；而对渴望的追求会让人更积极。**

万维钢老师说过一句话，大意是：我们很庆幸人有渴望的能力，如果没有渴望这种机制，每个人都会一直沉浸在自己现有的价值观中，不愿意探索新的价值观，这样的世界就太没意思了。

古今中外的古老智慧都告诫我们，满足需求、克制欲望是获得幸福快乐的有效途径。而对欲望和渴望的区分让我们懂得，除了需求，我们也应该有更高的价值追求。

欲望往往由于外在环境对我们的刺激而产生，它是利己的，欲望的满足往往带有某种破坏性；而渴望源自我们内心一种对美的追求，它导向有意义的创造，渴望是我们获得人生意义的法门，也是我们获得持久幸福感的源泉。

第二堂

# 自由观

## 你真的自由吗？

你觉得自己自由吗？或者说你在多大程度上是自由的？人到底有没有真正的自由？

当然这里说的自由不是人身自由、财务自由，或者那种可以随心所欲、为所欲为的自由。更准确地说，这里应该是指自由意志。那什么是自由意志呢？也就是相信自己能自由选择的信念。

自由意志其实有两种不同的表述方式：第一种是"自由意志主义"，也就是我们有选择的自由，也可以理解为思想自由；第二种是"行动者因果性"，也就是我们作为行动者，有决定做出某个行为的自由，也可以理解为行为自由。

前一种是从动机上说的，我们可以自由思考，然后做出选择；后一种是从结果上说的，我们按照自己的意志做出某种行为，进而导致某种结果的发生。但不管怎样，自由意志可以理解为我们有权决定自己的所作所为，无论在思想还是行为上，动机还是结果上，我们都是自由的。

这个时候，你再问问自己：你是自由的吗？

叔本华说：我们可以做我们想做的，但不能想我们所想的。你先仔细想想这句话，后面的内容我们再展开来讲。

在直觉上，我们完全有理由认为自己是自由的，比如你现在正在看我的书，你可以选择看，也可以选择马上合上书离开；你中午吃什么，晚上和谁聚会，每个人一天都会做成千上万个类似的选择，而且看起来绝大部分选择都是你根据自己的意志自由做出的。所以，当谈到自由的时候，你至少会认为自己大多时候都是自由的，因为这符合我们的直觉。

但很多哲学家认为，我们拥有"自由意志"这件事其实是个假象。或者说，我们的自由十分有限，这是为什么呢？

事实上，这与人类的直觉经常出错有关。比如当你静止不动时，你能想象自己脚下的地球正以每小时超过十万公里的超高速在围绕太阳做圆周运动吗？直觉告诉你肯定不可能；你每天看到太阳东升西落，直觉告诉你太阳必然是在围绕地球转圈，但科学已经证明并非如此。我们的直觉经常出错，在人类数千年的历史上，"地球静止说""地心说"等错误的观念一直被奉为亘古不变的真理，原因就在于它们太符合我们的直觉了。

所以，直觉很不可靠。叔本华是一位"唯意志论"的哲学家，他认为，自由意志的概念很成问题，行为自由就是能按照你的意志做事，但是你可以再追问一下自己，是什么催生了你这种意志呢？就你正在看的这本书而言，你可以自由选择看或者不看，你看似是自由的。但是你为什么要这么做呢？影响你选择看或者不看的深层原因又是什么呢？如果你继续追问，就会发现每一种意志的产生，都受到了另外一种意志的驱动。如果无限追溯下去，这条链条的终点是不是存在一种"非有意的意志"呢？既然是非有意的，那它就是不自由的。

叔本华认为，如果第一个行动不自由，那它之后发生的任何事，就不可能是真正自由的。

关于自由意志，荷兰哲学家斯宾诺莎也说过类似的话，大意是，如果一颗被抛向空中的小石头有自由意志的话，它也会认为是自己主导了这次飞行。

人类拥有自由意志，并不意味着我们的选择就是自由的，这句话似乎是说，我们的自由意志本身就是不自由的，这是哲学上对自由意志的一种质疑。其实除了哲学之外，社会学、脑科学、心理学等学科也对人类是否拥有真正的自由意志提出了严厉的质问。具体而言，至少以下四种观点对自由意志发起了挑战。

第一，社会决定论。

父母经常说，不能让孩子输在起跑线上。一个人成长的家庭和社会环境对一个人能有多大的影响，自不必多说。成长环境塑造了我们，这是"社会决定论"对自由意志的否定。

一个人拥有什么样的价值观，很大程度上取决于他出生和成长的环境。如果一对双胞胎被两个不同的家庭抱养，那么他们很可能会在成长过程中形成两种完全不同的价值观。童年经历各异，成年后的行为模式也会完全不同。据说很多曾虐待儿童的人，他们自己小时候也遭受过虐待。

但社会决定论其实并没有从根本上否定自由意志，因为我们也能看到很多摆脱原生家庭影响的例子，就算那些无法完全摆脱环境影响的人，日常生活中的大部分事情也能自己做主。所以从这个角度来说，社会决定论只能说对自由意志有很大的影响，而不能完全否定后者，或者说，如果考虑到社会的影响，那么我们的自由意志要比预期的弱很多。

第二，心理学。

对自由意志的第二个挑战来自心理学。心理学认为，人有很多本性或者说本能，比如趋利避害、追求快乐、逃避痛苦，等等，这是我们无法选择、与生俱来的本能。我们很多时候会受本能驱使，进而陷入不自由的境地。

奥地利心理学大师弗洛伊德曾把人的精神世界分为三个层次：意识、前意识和无意识（潜意识）。

处于精神活动最顶端或者表层的是"意识"。在意识的领域，我们和外界连接，可以感知外界环境，接受外界刺激，并对现实有所反映。这部分的精神活动会遵循现实的原则，例如社会规范和礼仪道德等。比如看到领导来，我们会有意识地规范自己的言行，表现得恭恭敬敬，其实也是意识在起作用。

"前意识"是介于"意识"和"无意识"中间的部分，它扮演着"稽查员"或者"门卫"的角色，防止潜意识中的本能和欲望侵入意识。大多数情况下它会尽忠职守，但前意识也有放松警惕的时候，这样潜意识就可能会伺机进入意识中。比如当我们见到一个非常厌恶的人，出于社交礼仪，我们会有意识让自己的言行表现得得体，前意识也会压抑住内心对他的厌恶，但偶尔在谈话间前意识可能会放松警惕，在言谈举止间就会表现出对这个人的厌恶，也许是一个轻蔑的眼神，抑或是一个微微的瘪嘴，这些都是前意识失去警惕导致的。

而处在精神活动最底层的是"无意识"，无意识其实就是我们的本能、欲望、原始的冲动。它们有着强大的力量，我们很多行为和思想都来源于此。无意识的主要目的是满足自我的本能欲望，所以它的作用就是获得快乐，而不会考虑外在的社会规范、道德礼仪甚至法律约束。比如，有个男孩对一个女孩一见钟情，但他没意识到，其实是因为这个女孩和他的母亲长得很像，让他产生了某种依恋的情绪。许多时候，无意识才是你做出某些行为的根本原因。

有些人小时候曾被猫或狗惊吓甚至咬过，也许会在无意识里留下创伤，导致他成年后厌恶一切毛绒玩具。但他自己或许并不记得童年的遭遇，因为埋藏于无意识中的童年经历很难为意识所觉察。可以说正是这些潜藏的无意识，深刻地影响着我们的思想和行为。

我们通常认为自己是理性的人，能完全掌控自己的行为和思想，但是弗洛伊德告诉我们，其实每个人大多数时候都是非理性和不自由的，至少在"无意识"的状态下我们是不自由的，我们会受到本能欲望的驱使。当然心理学和社会学一样，并没有完全否认自由意志的存在，不过是再次削弱了我们的"自由意志"。

第三，自私的基因。

在了解社会学和心理学对自由意志的质疑之后，我们再来看看遗传学、物理学和脑科学对自由意志发起的挑战。英国著名进化生物学家理查德·道金斯写了一本书，相信很多人都看过，这就是《自私的基因》。

我们经常说，人之所以区别于其他动物，就是因为我们有理性、有自我意识、有自由意志……但道金斯告诉我们，我们都错了。根据他的观点，我们都只是基因的奴隶，或者说只是基因用以传宗接代的工具。我们每个人天生的遗传密码，也就是基因，决定了我们不同的行为方式。因此，我们就像预先编排好程序的电脑一样，而我们以为的自由也并不是真正的自由。这是从遗传学上对自由意志的质疑。

第四，决定论。

曾有很长一段时间，物理学上的"决定论"一直被人视作真理。从物理学的视角来看，我们人类只是复杂的物理系统，是以极端复杂的方式组合在一起的原子和分子而已。如果我们是物理系统的话，就必须遵守物理定律。

法国著名物理学家、天文学家拉普拉斯认为，如果我们知道宇宙的现状与所有的物理定律，就可以完全准确地预测它在未来的所有状态。

人类是宇宙的一部分，所以，从物理学的决定论来看，人类的未来并不由我们自己做主，我们通向未来的过程只是一种物理学上的必然，既然每个人的未来都是可以预测的，那我们所谓真正的自由就无从谈起了。

当然，得益于量子力学的研究，物理学的决定论似乎被打破了。量子力学指出，微观世界存在许多不确定性和随机性，所以不是所有的物理状态都是可预测的，但它同样不支持自由意志。即使只从物理学来看，人类的自由意志也再次减弱了。

美国社会心理学家乔纳森·海特写了一本著名的书，名为《象与骑象人》。他在书里将人脑比作"骑象人"，把人的身体比作"大象"。表面看来，骑象人控制了大象，但他对大象的控制能力是极其有限的。

我们从哲学、社会学、心理学、物理学等角度探讨了人是否拥有"自由意志"的问题。总之，从直觉上看，我们觉得自己拥有自由意志，但我们的自由意志非常有限。你以为你是完全自由的，但从某种意义上说，你以为的自由只不过是一种幻觉。虽然这种观点很难被接受，但我们要说服的并非直觉意义上的自己。

虽然在绝对意义上，人的自由意志是非常有限的，但我们也不必灰心，因为斯多葛学派哲学家爱比克泰德说过，看起来我们能控制的非常少，但正是这个小窗口，才是人类自由、自律和独立自主的基础。

## 自由到底是什么？

自由是一个非常有吸引力的话题，每个人都渴望自由，财富自由、工作自由、精神自由，等等。一方面，我们渴望自由；但另一方面，对自由的过度渴望又何尝不是一种不自由呢？很多人对自由有很深的误解，或者说对自由的认识很片面。这一部分，我们就来谈谈古今中外的哲学家对自由的看法。

德国理性主义哲学家康德说，自律即自由。

法国启蒙主义思想家卢梭说，人生而自由，却无往不在枷锁之中。

法国存在主义哲学家萨特说，人最大的不自由，就是我们永远都无法摆脱自由。

荷兰理性主义哲学家斯宾诺莎说，自由就是对必然性的认识。

德国悲观主义哲学家叔本华说，我们可以做我们想做的，但不能想我们所想的。我们所谓的自由，都只是表象，都只是行为的自由。虽然我们能决定自己做什么，但不能决定自己想什么，所以，从根本上说，我们是不自由的。

道家学派哲学家庄子说，知其不可奈何而安之若命，德之至矣。

东西方不同的哲学家都提出了自己对自由的看法，但他们究竟想表达什么呢？什么是自由？人可以获得真正的自由吗？

通常我们理解的自由，就是不受约束、为所欲为。想吃什么就吃什么，想去哪儿就去哪儿，想买什么就买什么，这是一种自由。但这种自由很大程度上建立在物质基础上，因此有着相当大的局限。

康德认为，自由不是我们想做什么就做什么，而更多地体现在我们不想做什么就可以不做什么。换句话说，对自我欲望的满足不是真正的自由，对欲望的否定和克制才是真正的自由，因为你用理性战胜了本能。

自由有很多面：有积极的自由，也有消极的自由；有行为的自由，也有精神的自由；有理性的自由，也有感性的自由。

正因为自由的灵活性和多样性，从古至今，才有无数哲学家为之争论不休。在具体分享不同哲学家的自由观之前，让我们先来看看四类不同的自由观。

第一种是感官的自由或者说放任的自由。我想做什么就做什么，想去哪里就去哪里，这是一种自由观。

第二种是理性的自由。这种自由是建立在绝对理性基础上的，完全按照自己的理性生活，这是康德和斯宾诺莎一致推崇的自由观。拥有理性，并以此指导你的行为，过一种自律的生活，这是一种理性的自由。

斯宾诺莎说，自由就是对必然性的认识。用理性认识自然的客观性，并用理性去改造自然，这是一种建立在理性基础上的自由，也是一种严肃的自由观。

英国哲学家以赛亚·伯林区分了两种自由：消极的自由和积极的自由。在他看来，消极的自由是一种纯粹感官上的自由，是一种不希望受到约束的自由；而积极的自由是建立在理性基础上的自由。

我们每天躺在沙发上刷剧、玩游戏，是一种消极的自由。这个时候，我们内心可能会生出某种罪恶感和愧疚感，认为自己不应该一直这样下去。而这种想法的产生也就意味着，你渴望用理性去控制你的自由意志，你希望成为自己的主人，希望自己是一个主体，而不是一个被自由意志操控的对象，而这就是积极自由的意义所在。

消极的自由会给我们带来一种失控感，进而让我们陷入焦虑和不安，这种感觉就像自己坐在一辆高速飞驰的轿车上，而自己却无法掌控方向盘一样。所以，积极自由的重要性在于，它推动我们成为自己的主人，当我们做到这一点时，就不再是别人的工具。换句话说，我们能做自己的主人，就会感觉到自由。

第三种是介于感官和理性之间的自由，或者可以说是一种顺应自然规律的自由。我们希望用理性去战胜自然，但人类的理性往往能力有限。斯多葛学派看到了这一点，所以他们提出，我们需要接受不能改变的，而去改变我们可以改变的。

第四种自由观认为，我们无法拥有真正的自由。叔本华说，我们可以做我们想做的，但不能想我们所想的。他认为我们无法控制自己怎么想，无法真正驾驭自己的意志，因为意志是绝对自由的，就像我们大脑里每时每刻都会出现无数想法，但我们很难使这些想法不出现一样。

举个例子，很多人想买豪车、奢侈品，想实现财富自由，他们认为这个时候就真正实现了自由，但从本质上来说，这些人不过是通过这样的行为来满足自己某种本能的欲望而已。更重要的是，人为什么会有这样的想法呢？实际上，出现这样的想法并不是他们自己所能控制的，我们之所以想成为有钱人、功成名就的人，很多时候是社会的物质和文化环境综合作用的结果。

那我们果真无法拥有真正的自由了吗？法国作家罗曼·罗兰说："世界上只有一种真正的英雄主义，就是在认清生活的真相后，依然热爱生活。"

或许真正的自由就建立在我们能清醒地意识到我们永远无法获得绝对自由的基础上。《庄子·大宗师》中说："知天之所为，知人之所为者，至矣。"知道什么是自然的必然性，也知道什么是可控的，什么是不可控的，你才能获得真正的自由。换言之，摆脱对绝对自由的追求，我们也能实现另一个层次的自由。

## 悲观的自由观

在《爱与生的苦恼》一书中，叔本华说过这样一段话："无论是谁，只要能闭目静思，就会知道自己的存在原是永无休止地受着意志的支配与奴役的。人受意志的支配与奴役，无时无刻不在忙忙碌碌地试图寻找些什么。每一次寻找的结果，无不发现自己原是与空洞同在，最后不能不承认这个世界的存在原来就是一个大悲剧，而世界的整个含义就是'痛苦'二字。"

为什么叔本华会发出如此悲观的感叹，他的悲观主义哲学，又究竟讲了什么呢？

叔本华认为，我们可以控制自己做什么，因为这是理性的范畴，但是我们无法控制自己想什么，因为这是自由意志的范畴。

人们通常认为，我们不仅可以控制自己的所思所想，还能通过这种控制影响我们的行为。当我们决心减肥的时候，我们就可以控制自己不去大吃大喝。但实际上，我们无法控制大吃大喝的想法，这种想法会一直萦绕在我们脑海中，我们无法阻止这种冲动和欲望的出现。而这种冲动和欲望，其实是意志的一种表现。

叔本华是德国18世纪至19世纪著名的非理性主义哲学家，也是唯意志论哲学家，那什么是唯意志论呢？

这个概念涉及行为、思维、本能和意志四者之间的关系。行为受思维影响，思维受本能或者欲望影响，欲望则来自意志，是意志的一种表象或者表现形式。

而在叔本华的唯意志论中，意志是完全自由和盲目的，就像此时此刻，你的大脑里可能出现了无数个想法，但你难以阻止它们的出现一样。叔本华认为，我们的行为看似自由，实则不然，阻止我们真正拥有自由的就是意志。要搞清楚意志是什么，我们还需要借助另一个概念：表象。

叔本华的代表作《作为意志和表象的世界》开篇就说，世界是我的表象。要理解这句话，还得从西方哲学的二元对立思想讲起。

其实从古希腊开始，尤其是自柏拉图提出"理念论"以来，就基本上为西方哲学此后几千年的发展奠定了基础。柏拉图不仅区分了"理念的世界"和"现象的世界"，还比较了现象和本质这一对最重要且最基本的二元对立概念。柏拉图认为，现象世界是理念世界的影子，而理念世界不仅高于现象世界，还是更真实和本质的世界。这种二元对立思想深刻地影响了此后西方哲学的发展路径，所以英国哲学家怀特海才将两千余年的西方哲学史称为

"柏拉图的注脚"。

此后,被誉为"西方近代哲学之父"的笛卡尔进一步奠定了理性在哲学中的重要地位。

笛卡尔提出"我思故我在",在普遍和彻底的怀疑之后,我们再也无法怀疑那个正在怀疑的主体,也就是"我思"的存在,我思也可以理解为思维、理性。也就是说,笛卡尔说"我思故我在"的同时,也承认了人的理性是一切认知的起点,理性和思维是高于感性和直观的。我们也可以理解为,世界的本质是理性。

但人的理性和思维是由什么决定的呢?叔本华认为是意志。换言之,他认为理性和思维都只是意志的一种表象。叔本华把世界分成了两个部分:表象的世界和意志的世界。一切表象的存在都只是意志的客体化,而意志是盲目和无意识的,是冲动和非理性的。所以,叔本华的哲学是非理性主义哲学,是基于"意志"的非理性主义哲学。

所谓"世界是我的表象",一方面是说我们认识的世界只是表象的世界,另一方面也暗示了"我"才是认识世界的主体。

叔本华认为,人是认识世界的主体,世界只是"我的认识"的一个客体、一个对象和一种表象,那人的认识是由什么决定的呢?叔本华进一步指出,人的认识和行为都是意志的一种表象。换句话说,世界是我的表象,而我是意志的一种表象。这里有两组二元对立关系:我们说世界是我的表象时,我是主体,世界是客体；我们说人的行为和思想是意志的表象时，人的思想行为是一种表象和客体，而意志才是本质和主体。

我们的行为和思想受意志的影响，只是意志外化的表象。但由于意志本身是盲目、绝对自由、冲动和非理性的，因此意志所对应的表象，也就是人的行为和思想，从根本上说也是盲目和非理性的。所以叔本华又说，世界的一面完全是表象，另一面便完全是意志。

而且，在叔本华的思想中，意志是一个本体论的概念，它是世界的本质，独立于时间和空间，所有理性、知识都从属于它。意志也是一切人类行为的根源，由意志产生意欲，由意欲产生动机，由动机产生行为。

举个例子，如果一个公司的股票市值是一种表象，而该公司的内在价值才是本质，那意志的作用就像金融市场一样，无论如何，它总会使公司的市值接近公司的价值，这是一种隐性且具有决定性的力量。如果说公司的股票价格是表象，而背后的本质还是公司的内在价值，那么意志的作用就是使公司的内在价值通过股票的价格反映出来。

叔本华认为，意志的整个本质就是为了要表现为现象而存在的。

意志的根本属性是"自由"。这个自由不是我们理解的人的自由，而是一种盲目的、没有目的的、随机的自由。叔本华认为，意志的每一个特殊活动都有其目的，但整个意志却没有目的，或者说它的目的从一个到另一个，随不同活动变化，而没有一个终极的目的。意志这种绝对自由的特性，是宇宙万物永无止境运动变化的根本原因，也是人生痛苦的根源。意志在本质上是一种摆脱一切目的限制的自由，它意味着一种无尽的争斗。

对一切意志活动来说，每当达成一个目的，就会开始追逐新的目的，而且会永远这样下去。在自然界里，植物会经历从种子到幼苗，再到结果的过程，而新的果实也会经历同样的过程，如此反复，永不止息。

动物的生命也是这样，生殖是它的顶点，在完成生育繁衍以后，母体的生命就会或迅速或缓慢地走向终结，而新的生命又会重复同样的现象。从总体上来看，意志是盲目和自由的，但是它又在不停地追求着什么。

在人类身上，意志的这种特性表现为我们始终有着永无止境的欲望和永不满足的企图。企图和欲望往往会欺骗我们，让我们误以为它们就是意志的最终目的，但事实并非如此，意志的根本属性是自由，它没有终极目的。

一旦我们满足这些欲望，它们就不再以同样的姿态出现，而是立即变成陈腐的、被遗忘的东西。如果还有东西让我们希冀、追求也算幸事，我们可以始终维持一个从希望到满足，再从满足到新希望诞生的过程。如果这个过程很快，我们就能收获幸福；

如果这个过程比较慢，我们就会得到痛苦。换句话说，人生的本质是痛苦，而所有的幸福都注定是短暂的。这才是叔本华悲观主义哲学的底层逻辑。

意志是绝对自由的，但拥有自由意志的人从根本上说是不自由的，因为意志在我们的理性之外，它在人身上表现为一种冲动和欲望，进而使我们陷入不自由的境地。

其实叔本华所谓的"意志"，也受到了佛学思想的影响，它还有点儿类似我们所说的"本能"。在人类身上，本能是与生俱来的，也是无法控制和驾驭的。比如对死亡的恐惧，对生存的渴望，等等，都是生而为人本能的冲动，我们无法避免。

## 自律即自由

我们经常听说：自律即自由。这句话乍听起来鸡汤味颇浓，却道出了一个不争的事实：自律的人生最自由，为什么这么说呢？为什么自律和自由能画上等号？其实仔细想想，这件事挺反直觉的。因为大多时候，自律往往伴随着痛苦，这一点每个坚持读书、健身、减肥的人都知道。而自由却是放松、舒适的，两者给人的感觉正好相反。

两者能画等号，源于它们都基于同一基础：理性。

近代理性主义哲学发展至康德而达到巅峰，尽管康德的哲学在国内受到了很多人的追捧，但其难读也是出了名的，可能没有几个人真正能坚持读完他的"三大批判"：《纯粹理性批判》《实践理性批判》《判断力批判》。

但是康德还有一本不错的"小书"，那就是《道德形而上学的基础》。在这本书中，康德讨论了道德、理性、自由之间的关系，内容还算比较通俗，思想性也很强。

康德认为，道德、自由、理性这三个看起来风马牛不相及的观念，却具有内在的一致性。那康德是如何把它们统一起来的呢？

在康德看来，人都有两种人格：一个是自然的存在，也就是以实践为依据的经验存在，这一点，人同其他动物一样，渴望和追求幸福就是其表现之一；另一个是有着内在自由的存在，这种存在遵循理性来行动，而且也有能力遵守道德律。简单来说，就是每个人有两种人格：自然人和理性人。

那什么是理性呢？康德认为，理性是一种能力，人能凭借这种能力把自己和其他事物区别开来。不只是人和其他动物，甚至理性的自己和本能的自己之区分，也都要依靠理性。康德区分了两个世界：一个是感观世界，一个是知性世界。理性的人认为自己置身于知性世界，而不是感观世界。

在感观世界的人遵循着自然的必然性，也就是说，他们会按照自然的方式行事，受本能和欲望的驱使，同时也受外在环境的刺激，康德称这种行为为"他律"。而在知性世界的人，服从理性的法则，康德称之为"自律"，就是用自己的理性来规定自己的行为。换言之，如果能进入知性世界，你的理性就能战胜自然的必然性，不再受自然的约束，也不再受本能和欲望的驱使，而仅仅按照理性的法则行事，这就摆脱了"他律"，实现了理性的自由。

康德的自由观其实和斯宾诺莎的自由观很像。斯宾诺莎认为，自由就是对必然性的认识。这里可以稍微拓展一下斯宾诺莎的自由观。斯宾诺莎说的"自然"其实也分两种：一种是作为原因的自然，一种是作为结果的自然。比如花草树木、山川河流就是一种结果的自然，它们是被动的、没有意识的。还有一种自然是"产生自然的自然"，或者说"创造了自然的自然"，它是一种作为原因的自然。斯宾诺莎所说的自然是一个实体的概念，要从整体上去理解，它是所有部分相加的一个整体的自然，可以说，它就是神或者上帝。

斯宾诺莎认为，上帝通过自然法则来主宰世界，而物质世界中发生的每一件事都存在它的必然性；世界上仅有上帝是拥有完全自由的，而人虽然能试图去除外在的束缚，但永远无法获得完全的自由意志。因此，斯宾诺莎才说"自由就是对必然性的认识"。一个人越理性，对自然的认识越深入，对自然规律的把握越透彻，那么他在自然面前也就越自由。

在斯宾诺莎看来，一个人只要与上帝达成一致，他就能不再受制于这种影响，进而摆脱恐惧，获得相对的自由。他还认为，无知是一切罪恶的根源。

康德基于感观世界和知性世界的区分，其实也表达了类似的观点。他认为，理性的人既生活在感观世界，也生活在知性世界，但理性让我们区别于只生活在感观世界的其他动物。其他动物生活在感观世界，只能接受和服从自然必然性的安排。而人因为拥有理性，所以可以摆脱这种自然必然性的束缚，从而获得理性的自由。或者说，人可以摆脱自然的"他律"的不自由，实现理性的"自律"的自由。

所以，康德认为，自由其实是理性存在者肩负的一种义务，自由也只是理性的一个理念。动物只是靠本能生活，它们不知道所谓的自由和理性。而"自由"这个词本身就是人类发明的，是人类理性的产物，我们能谈论自由，正是因为我们拥有理性。所以，自由只是理性的一个理念而已。

理性和自由从一开始就被绑到了一起，当我们谈论自由的时候，其实就是我们的理性在起作用。所以康德认为，一个理性的人有义务让你的欲望服从你的理性，就像一个瘾君子为了达到某种"更高级的自由"，而努力压制自己对毒品或酒精的渴望那样。你或许可以解除自己的这个义务，但如果你这样做，从某种意义上说，就是在自欺欺人，你也会因此失去作为理性人的尊严。理性人有义务克服你的倾向或欲望，以便遵守理性和道德律，这本身就是一种实现自由的方式。

所以，很多人将康德的理性和自由观总结为：自律即自由。

康德和叔本华的自由观其实都基于"意志"，但它们又完全不同。叔本华的自由观是悲观的，他理解的自由是建立在意志的盲目性基础上的，他看到了意志消极的一面；而康德的自由观是乐观的，他看到了意志积极的一面，或者说看到了积极的自由。

康德认为，意志是有生命的存在者就其有理性而言的一种因果性，而自由则是这种因果性在不依赖外来的规定而起作用时的那种属性，就像自然必然性是一切无理性的存在者的因果性，被外来原因的影响所规定而去活动的那种属性一样。这句话是什么意思呢？

康德说，如果你尊重自然的因果，遵从自然必然性，这是一种不理性的行为，是一种消极的自由，这和自然界的动物就没有本质的区别。

康德区分了自律和他律。在他看来，自律是意志成为自我的一个法则或者原则；而他律是把自然必然性看成一个法则或者原则。康德补充说，自律就是除了自己认可的那个普遍法则之外，不按照任何别的准则去行动，而这遵循的正是一种道德的原则。因此，一个自由意志和一个服从道德法则的意志是一回事。道德是我们行为的法则,那么自律应该是我们意志的法则。就这样,康德把自律、道德、自由的观念统一了起来。

在叔本华的悲观主义哲学中,意志是自由的,欲望和本能的冲动是意志的一种外在表象,而欲望会给我们带来痛苦。但是在康德的哲学里,意志的自由恰恰是人可以拥有真正自由的基础。康德说,自由必须被预设为一切理性存在者的意志的属性。一个人要想成为一个理性存在者、一个理性的人,正是基于自由的意志。

## 人最大的不自由,就是永远都无法摆脱自由

法国哲学家萨特说:"人最大的不自由,就是永远都无法摆脱自由。"

这句话听起来非常反直觉,为什么最大的不自由就是无法摆脱自由,那到底人是自由还是不自由的呢?

在介绍存在主义哲学家萨特的自由观之前,让我们先简单介绍一下什么是存在主义。

"存在主义"是一种始于20世纪四五十年代,至今仍非常盛行的价值主张或者思潮,可能很多人都或多或少地听过这个词。"存

在主义"这个词最早是由法国天主教哲学家加布里埃尔·马塞尔提出来的,后来经萨特发扬光大,甚至可以说是萨特定义了"存在主义"。

存在主义强调以人的"存在"为中心,尊重人的个性和自由。萨特提出了著名的口号:"存在先于本质。"是先有人的存在,然后才有世间万物的意义,是人的存在赋予了它们意义。所以,存在主义者认为,世间万物本来是没有意义的,但因为人的存在赋予了它们意义和本质,所以"存在先于本质"。

存在主义是在20世纪40年代,也就是"二战"之后,才慢慢流行起来的,"二战"结束后,战争的阴霾还没有完全散去,在这种充满恐慌和消极的社会大环境中,萨特注意到了那些逃避现实的年轻人,他们迫切地想要找到自己存在的意义和生命的意义。

1945年10月,萨特在现代俱乐部做了一次演讲,主题为"存在主义是一种人道主义"。演讲中萨特提出了他的名言:"存在先于本质。"在萨特看来,存在主义是一种人道主义,是一种使人生成为可能的学说,它明确了人是自由的,人在任何时候都可以自由做出选择,并同时为自己的选择承担责任。

萨特认为,人可以在原有存在的基础上自我塑造、自我成就,从而拥有自己的人生意义,但在享受自由与追求意义的过程中,也伴随着行动和责任。所以,存在主义并不是一种单纯追求自由、崇尚自由的思想,甚至还透露着一种忧郁和悲观的气质,这一点从萨特的著作《存在与虚无》一书的书名就可以看出来。

其实存在主义的历史很长,在萨特之前,近代西方有两位存在主义哲学的先驱:一位是克尔凯郭尔,一位是尼采。但其实前面我们介绍过,存在主义思想在古希腊后期就已经存在了,在古希腊的后苏格拉底时期,古希腊文明走向了衰落,就此出现了几个重要的思想流派,例如犬儒学派、伊壁鸠鲁学派、斯多葛学派。这些学派表现出的一个共同点就是:关注人自身的存在。可以说,他们也是存在主义的先驱。

萨特的存在主义和自由有什么关系呢?

首先,我们来谈谈为什么萨特说"我们无法摆脱自由"。在萨特看来,意识是绝对自由的,自由是意识与生俱来天然的本性,人拥有意识,而且无法摆脱意识,所以从根本上说,人是自由的,自由是人的根本属性,是我们永远都无法摆脱的,但这种自由也是一种枷锁。

萨特区分了两种存在:"自在的存在"和"自为的存在"。自在的存在是偶然和无意义的,是一种物的存在;而自为的存在是一种有意识的存在,是一种人的存在。人拥有意识,就拥有了绝对自由,可以自主创造,并赋予自我存在的意义,这种绝对自由是通过自由选择来实现的。但是,另一方面,绝对的自由也意味着绝对的责任。

英国文学家萧伯纳说:"自由意味着责任,这就是大多数人畏惧它的原因。"

从某种意义上说，自由并不仅仅是得到想要的东西，还意味着要为自己想要的东西负责。所以，自由和责任是一枚硬币的两面，这也是存在主义自由观中关于自由的两面性，自由是一种权利，也是一种与生俱来的天赋，但这种天赋又附带有沉重的负担，那就是责任。

"二战"结束很久以后，一个名叫艾希曼的纳粹高级军官被捕。在接受审判时，他为自己开脱说，他屠杀犹太人属于别无选择，因为他是军人，而军人的天职就是服从命令，他当时没有选择的自由。

但萨特说，这简直就是自欺欺人，艾希曼当然有选择的自由，他可以选择背叛纳粹，也可以选择当逃兵，甚至还可以选择自杀，实际上在纳粹官兵中，确实有很多人都做出了这样的选择。艾希曼选择了服从命令，这是他自由选择的结果，而不是别无选择。那些声称自己无法自由选择的人，只是自欺欺人，因为他们不愿意承担自由选择所带来的责任。

其实在我们的生活中，这样的例子比比皆是。你上大学时选择什么专业，不能说是由父母决定的，你有选择的自由；你选择什么工作，不是由社会环境决定的，你也有选择的自由；你选择创业还是打工，不是由家庭环境决定的，你也有自由选择的权利。甚至你想要过怎样的生活，都是你自由选择的结果。面对生活的困难和挫折，是积极面对，还是消极应付，你显然都有自由选择的权利，只是你不愿意承担自由选择的后果而已。

在任何时候，其实我们都有自由选择的权利，即便身处纳粹集中营，你仍然有选择积极面对的自由。但自由选择在大多数时候是一种沉重的负担，因为你必须为你的自由选择承担后果，而且是独自承担，任何外在的约束都不能成为你逃避的借口。就像萨特所说，任何推卸责任的说辞，都是在自欺欺人，它只是你用来逃避责任的工具罢了。所以，萨特才说："人最大的不自由，就是永远都无法摆脱自由。"

## 庄子的逍遥与自由

悲观主义哲学家叔本华认为，痛苦是人生的底色，从根本上说我们没有自由，我们都是欲望和冲动的奴隶，而欲望的满足只能带来短暂的愉悦。理性主义哲学家康德认为，人拥有理性，因此可以战胜本能，我们拥有理性的自由，这正是人之所以为人的尊严所在。本能和理性显然是两种极端的情况，那有没有一种更加合理的自由观呢？

这一节，我们来介绍一下庄子的自由观。他选择的就是一种介于感性和理性之间的自由观,一种逍遥自在的自由观。

当我们看清了生活的本质,还依然保持积极乐观,依然热爱生活,这才是一种真正的自由。

庄子拒绝了楚王的邀请,他把自己比作一只乌龟,喜欢在泥地里爬行;他看淡了生死,对死亡一笑置之,像孔子所说:"彼,游方之外者也,而丘,游方之内者也。"

道家思想超脱于世俗之外,而怡然自乐,这是一种人生的境界。庄子理想中的得道者可以"乘云气,骑日月,而游乎四海之外,死生无变于己,而况利害之端乎"。

庄子看淡了生死,把自己置于万物之中,与万物齐一。所谓"天地与我并生,而万物与我为一",庄子的自由是一种超然的自由,是一种逍遥而自在的自由。这里我们分享庄子的其中两种自由观。

第一种:至德而自由。

《庄子·人间世》中说:"自事其心者,哀乐不易施乎前,知其不可奈何而安之若命,德之至也。"庄子的意思是说,注重内在修养的人,悲哀和欢乐都不容易使他受到影响,知道世间诸般不自由,却又能安于处境、顺应自然,这是拥有至高德性的人才能做到的。

庄子能做到"安之若命"并非对命运的妥协,而是对生命的尊重。

道家思想里的"德"和我们通常理解的道德的"德"并不一样，简单来说，道德的"德"是一种社会规范，而庄子的"德"是一种自然法则。庄子说，能按照自然法则来行事，就是一种至高的德性，也是一种超然的自在。

《庄子·大宗师》中的"知天之所为，知人之所为者，至矣"，其实也表达了类似的境界。庄子认为知道什么是可为的，什么是不可为的，知道什么是自然的必然性，你才能获得真正的自由和解脱。或者说你才能摆脱对世俗意义上自由的追求，实现另一种更高层次的自由。这是道家思想所追求的"至德"的一种境界，或者说也是一种和自然相一致的生活。

第二种：外化而内不化的自由。

《庄子·知北游》篇提出了"外化而内不化"的观点，通俗理解就是：适应外在环境和社会变化，而内心保持不变。庄子通过颜渊和孔子的一段对话阐释了这个道理。

有一天，颜渊向孔子请教："我曾听先生说过，'不要有所送，也不要有所迎'，请问先生，一个人应该如何立身处世呢？"

孔子回答说，古时候的人，可以主动适应外部环境的变化，内心却能保持不变，这是"外化而内不化"；而现在的人正好相反，他们内心多变，却又不能顺应外部环境的变化，这是"内化而外不化"。顺应外物变化而内心坚定持守的人，对变化与不变化都能安然接受，悠闲自得地与外在环境相适应，和外物一起变化，而没有什么偏移。狶韦氏、黄帝、虞舜、商汤、周武王这些圣人，能和外物相处，却不损害外物。不伤害外物的人，外物也不会伤害他。正因为无所伤害，所以他人就自然能够相送或相迎。不管是在山林还是在旷野，都能让人保持快乐；不管是喜去还是悲来，都能安然接受。

庄子说，人们知道会遇上什么，却不知道遇不上什么，人能够做自己能做的，而不能做自己做不到的。而不知道的和做不到的，却是我们无法回避的，一定要避开自己不能避开的事，难道不可悲吗！这就是庄子说的"知天之所为，知人之所为者，至矣"的意思。就像古希腊的斯多葛学派所说，"接受你无法改变的，改变你可以改变的"，这是一种智慧。

《庄子·知北游》中，庄子通过孔子之口，阐述了得道之人的处世哲学，用一句话来说就是"外化而内不化"。能顺应外在的环境变化，能接受外在的自然必然性，同时保持内心坚定，不为外物和欲望所左右，这是一种自在的自由，也是一种智慧。

## 你可能对自由有误解

财富自由、上班自由、旅行自由、购物自由，自由自在、无拘无束地生活是很多人的人生理想和目标，但如果你把追求自由当成人生目标，可能就错了。

首先，自由永远是相对的。

我们通常把自由理解为一种不受约束的状态，换句话说，自由强调的是自身和环境的关系，不存在孤立的和绝对的自由。你把小鸟从笼子中放出去，你觉得小鸟自由了，因为它不必再受鸟笼的束缚，但小鸟的自由却可能受到老鹰的约束。你高中毕业后，远离家乡进入大学学习，没有了父母的管教，你觉得你自由了，但学业的压力却可能压得你喘不过气来。

我们对"自由"的感知是以"不自由"为前提的。换句话说，我们之所以追求和向往自由，是因为我们常常感觉自己"不自由"。而追求自由本身不是一种与生俱来的本能，它仅仅是我们对不自由的一种反应和感知。

就像老子在《道德经》中所说："天下皆知美之为美，斯恶已。皆知善之为善，斯不善已。"我们之所以能感知到美、丑、善、恶，是因为它的对立面出现了。而大自然万物本身并没有美、丑、善、恶的属性，它们只是自然而然地存在着，这种状态我们可以称之为"自然"或者是"自在"。

自由是对不自由的感知和反应，自由的关注点是外在环境和自身的关系，我们渴望挣脱这种关系带来的压迫和束缚。自由强调对外在环境的掌控，而自在则强调对自我真实存在的感知，自在的关注点在于自身。

庄子的自由观,本质上是一种自在的自由观,自在和自由是有本质区别的。

万物都生长在大自然中,它们都有各种约束,就我们通常理解的自由而言,它们都是不自由的。即便强大如狮王,也不能像小鸟一样飞翔;即便高傲如雄鹰,也不能像鱼儿一样在水中畅游。但是狮子、雄鹰、小鸟和鱼儿看起来都自由自在,因为它们只关注自身的需求,关注自身的存在。

其次,自由的本质是否定性的。

我们之所以向往自由,是因为我们感到不自由,想挣脱这种不自由的感觉。德国哲学家阿多诺说,没有纯粹的绝对意义上的自由观念,自由意志是一个虚假的问题,自由意志存在的唯一意义在于它的否定性,在于它反思地否定各种具体的压抑。自由存在于关系中,它不是一种肯定性的表述,它的本质是否定性的。小鸟从笼中飞出去,它自由了,小鸟用这种自由否定了鸟笼的束缚;大学生远离父母外出求学,仅仅是否定了父母的约束而已。

甚至"自由"这个词在出现伊始,发挥的就是否定的作用。英国哲学家约翰·洛克在《政府论》中提出了"人生而自由平等"的理念。但他并非独立地谈论自由,《政府论》之写作,带有为当时英国"光荣革命"的胜利,以及新兴资产阶级掌权提供理论辩护的目的。洛克所提倡的"自由",是他所代表的新兴资产阶级对当时英国统治阶级的反抗和抵制。所以，他所谓的"自由"最多是对压抑、奴役、压迫的抵制和反抗，这种自由是相对的和否定性的。而自在是具有肯定性的，自在关注的是内心的满足和愉悦，是对自我生存处境的感知。

**最后，自由并不导向幸福，甚至会走向它的反面。**

今天，很多人把追求自由当成毕生的奋斗目标，甚至把自由看成一种与生俱来的"权利"。与其说这是一种不理智的行为，不如说这是一种对"不自由"的过度反应。这种感觉就像是一个从小吃不饱饭的人，把追求大吃大喝当成了自己的人生目标一样。饥饿是一种异常的状态，我们没必要把对抗饥饿的另外一个极端当成自己的奋斗目标。我们的目标应该仅仅是吃饱，不再忍饥挨饿，这才是一种自然的状态，一种自在的状态。

自由不是幸福的充分必要条件，甚至都谈不上必要条件。对自由的过度强调和追求，会脱离它本来的作用，走向另外一个极端，那就是对欲望的满足。人很容易成为欲望的奴隶，而对欲望的追逐是永无止境的。对自由的向往很容易演变成对权力和欲望的追求，从而让你走向自由的反面，让追求自由成为你不自由的最大原因。

一个穷怕了的人，突然有了一大笔钱，看起来实现了财富自由，但在享受报复性消费所带来的快感的同时，也很容易陷入追逐财富的陷阱；一个地位低微的人，突然有了一点权力，往往会渴望更大的权力，对权力的追逐就会成为他不幸福的主要原因。金钱和权力能给你带来短暂的自由，能消除部分不自由的感觉，但它们不应该是你奋斗的目标。

自由只是手段，而自在才是目的。

## 人生而自由，却无往不在枷锁之中

法国哲学家卢梭说："人生而自由，却无往不在枷锁之中。"

在道德伦理上，自由需要借助理性和道德才能实现，那在政治生活中呢，自由是人与生俱来的权利吗？或者说，每个人都有自由按照自己的意志行事的权利吗？犹太裔哲学家波普尔在《开放社会及其敌人》一书中提出了两种值得我们深思的悖论：自由的悖论和民主的悖论。

波普尔说，开放社会的特点是相信理性与自由，它的成员有责任感，能够自己管理自己，并且为自己的自由选择承担责任。开放社会的原则是批判、民主、自由和宽容的。而波普尔这里说的民主、自由和宽容其实和我们通常理解的并不一样。波普尔是以悖论的形式来解释自己的理念的。

关于民主的悖论，波普尔说，我们通常理解的民主是大多数人同意把权力交给一个人来使用，但这个人很容易就能成为独裁者。西方民主制度的典型特征就是一人一票选出来一个总统。

波普尔接下来问道，信奉所谓民主制度的人，应该服从大多数人推举出来的独裁者吗？如果不服从，那么他就违背了大多数人的意志，是不民主的；如果服从，那么他就得接受独裁者的统治，也抛弃了他信奉的民主。所以，这就是一个悖论：一开始为了民主，最后却导致了独裁。

波普尔说，其实我们对问题的思考偏离了方向，或者说对民主有一些误解。民主并不是说要多数人统治少数人，真正的民主其实应该反过来，是少数人可以拒绝或者有权反对多数人的统治。多数人和少数人的关系不是理性和非理性的关系，多数人不意味着理性，少数人也不意味着非理性，事实可能正好相反，多数人的意见常常是非理性的。比如20世纪德国法西斯的出现便是这样的例子，希特勒的上位赢得了大多数人的支持，但所谓的民主最后却导致了非理性的极权主义的诞生。

波普尔认为，民主应该是一种合乎理性的制度，它不是多数人或者少数人的意见。换句话说，只要一种制度是合乎理性的，那么无论是多数人统治少数人，还是少数人统治多数人都不重要，这才是真正的民主。

实际上，民主也具有否定性，它的原则是防止专制主义，民主是相对于独裁而言的，它并不是完美无缺的制度。或者说，民主制度建立的主要目的并不是趋利，而是避害，它的优势在其能最大限度地降低祸害。

这是波普尔思想对我们的启发。对于一件事，我们总是习惯从它的正面、积极、主动的意义去考量，而忽视了一件事情之所以合理，往往是因为它有对负面的抑制作用，也就是它的否定性作用。

**以此类推，我们来看看自由的悖论。**

如果自由意味着每个人都可以为所欲为的话，那么，一些人就会"自由地"支配，甚至奴役另外一些人，他们的自由就会妨碍其他人的自由，最终自由反而成了所有人都不自由的根源，这也是一个悖论：只要自由本身不受限制，它就会被自身所击溃。

英国著名的政治哲学家霍布斯在《利维坦》一书中就描述了这样的情况。他指出，在自然状态下，虽然每个人都是自由和平等的，但最后会走向一种人人自危的战争状态，霍布斯称之为"所有人对所有人的战争状态"。为什么会这样呢？

在自然状态下，每个人大致都是自由和平等的，所有人都拥有大致相同水平的体力和技艺，但这种自由和平等是致命的，因为这意味着任何人都有能力杀死其他人。所以，在这种情况下，无论你拥有什么，别人都可能想要，因此每个人都必须时刻保持警惕。

所以，霍布斯指出，在自然状态下，每个人看似自由和平等，但是大家确实都处于一种人人自危的战争状态。即便我一无所有，我也无法免于恐惧，因为其他人也可能会把我当成威胁。

第二堂 自由观

霍布斯从人性之恶、人类的自由平等，以及人对幸福的追求，推导出了自然状态下将会出现的一种战争状态。他认为为了结束这种恐惧的状态，人与人必须联合起来，组建国家，让一个强有力的第三方来确保所有人的安全，这就是国家必须存在的理由，而这个国家必须拥有强大的权力，能维持内部的和平，并抵御外来的敌人。

霍布斯说，这个国家的政体可以是君主制、贵族制或者民主制的，但都必须是一个"利维坦"，一个绝对的权威。这是霍布斯在《利维坦》一书中提出的政治理念。从霍布斯的思想中也可以看出，不受约束的自由，将毁掉所有人的自由。

举个例子，有人整天游手好闲，看起来非常自由，但是久而久之就会变得一无是处，而他的自由也会处处受限。不对自由进行约束和限制，那么最终也会失去自由。

所以，波普尔认为，自由并不意味着可以为所欲为，我们不应该只看到自由的表象和结果，也不应该孤立地看一个人的自由，而应该看到所有人的自由得以成立的前提条件，真正的自由首先意味着所有人的自由都不受侵害，因为如果人人生而平等和自由，那么也意味着每个人的这种权利都应该自由和平等地受到尊重。因此，不以伤害别人为前提的自由，才是所有人自由的基础和前提。这样的自由观在道德上也是合理的，就像康德认为自由意味着自律，而不是他律一样。

# 第三堂

# 道德观

## 人类道德感是怎么产生的？

我们经常说伦理道德，其实伦理和道德不太一样，而大多数人经常将其混淆使用。简单来说，伦理主要是指社会伦理，而道德主要是指个人道德，道德和伦理问题都非常复杂，它们经常相互纠缠，伦理和道德判断是很难分开的。

假如你发现一个朋友的妻子出轨了，你应该告诉他吗？你知道一个朋友借钱去赌博，你还应该借钱给他吗？你发现同事为了升职加薪，送领导礼物，还请领导吃饭，你应该检举他吗？这些还只是个人伦理和道德的问题。更大一点，比如我们应该支持自动驾驶的汽车上路吗？我们应该支持安乐死吗？面对这些问题，其实我们都很难给出一个准确的答案。

而这些问题的背后，都有一个共同的特点，那就是它们不是事实判断，而是价值判断。事实判断和价值判断两者之间的关系其实是一个非常重要的哲学难题，它被称为"休谟问题"。在阐述道德问题之前，我们就先从这两种判断讲起。

我们经常说，只有小孩子才分对错，成年人的眼里只有利弊。我们做出一个判断时，一般都遵循两种基本原则：一是事实判断；二是价值判断。前者判断的是"对和错，是和非"，而后者判断的是"应该和不应该，好和坏"。

深圳到北京的直线距离约为1950公里,这是一个事实判断,我们用工具测量就可以知道。而我们应该在北京生活,还是在深圳生活,这就是一个价值判断。今天下雨了,这是一个事实判断,而下雨是好还是坏,这就是一个价值判断,下雨对农民而言可能是好的,而对于要出行的人来说就可能是不好的。

简单来说,事实判断讨论的是是非、真假、对错,利用的工具是理性和直观。而价值判断讨论的是好坏、利弊,道德评价就是一种典型的价值判断,价值判断利用的工具是情感和直觉,它的关注重点是"应该或者不应该"。

休谟认为,事实判断和价值判断是截然不同的两种判断,我们无法从事实判断的"是或者非",得出价值判断"应该或者不应该"的结论。

比如你发现朋友的妻子出轨了,这是一个事实判断。但你应该告诉朋友吗?这是一个价值判断。出轨本身是件坏事,但你无法因此得出是否应该将此事告诉朋友这个结论。如果你把这个事实告诉他,他们的婚姻可能破裂,而他们的孩子也会受到巨大的伤害。但如果你选择沉默,那朋友是不是就会因此受到某种欺骗和伤害呢?所以即便事实很清楚,"是和非"很明显,我们依然很难做出自己应该怎么做的判断。这就是事实判断和价值判断之间的鸿沟。

其实,我们在生活中经历的大部分选择都是价值判断。比如我们应该换工作吗？应该和谁结婚？应该在深圳买房，还是在北京买房？这些问题都是价值判断。成年人的世界是非常痛苦的，就因为我们每天都挣扎在各种价值选择中，没有标准答案，更重要的是，大量的事实往往无法支撑我们做出价值判断。价值判断往往是以情感和道德原则为基础的，而不是以逻辑严密的理性为基础的，更不是以冷冰冰的数据计算为基础的。

但在今天，我们很多人经常把价值判断和事实判断混淆起来使用，或者说用事实判断去代替价值判断。比如在今天的职场，你的工作做得怎么样，不是你干得辛不辛苦，不是你付出了多少心血和情感，而是你的KPI（关键绩效指标）说了算。我们把工作好坏当成一种事实来判断；你是不是应该跟一个人结婚，不是以感情、人格和品行为基础，而变成了以他是否有房有车，有多少存款这些"量化"指标为基础。换句话说，我们在做的是事实判断，而不是价值判断。

事实判断的工具是理性和直观，德国哲学家马克斯·韦伯称之为"工具理性"。在他看来，今天我们的世界正被这种工具理性的思想所统治，进而走向了极端的工具理性主义，由此还导致功利主义和实用主义盛行。理性的世界不注重个人感受，甚至忽视基本的道德伦理，只关注冷冰冰的数字。

然而事实判断和价值判断是两种截然不同的命题，第一个发现它们之间差别的是英国哲学家大卫·休谟。休谟在他著名的

《道德原则研究》中指出,"这个世界是怎么样的",这是事实判断,而"我们在这个世界上应当做什么",这是价值判断。这两个问题截然不同,它们之间存在绝对的隔阂和断裂,前者讨论的是"真假",而后者讨论的是"好坏"。

休谟认为,在以往的伦理学体系里,我们经常把两者弄混,即不断重复从"是"或"不是"为连系词的事实命题,向以"应该"或"不应该"为连系词的伦理命题跃迁,而这种思想的跃迁是在不知不觉间发生的,既缺乏相应的说明,也缺乏逻辑上的根据和论证。明星就应该多捐款吗?躺平就应该被谴责吗?嫁女儿就应该收高额的彩礼吗?在日常生活中,我们面对诸如此类的大部分伦理道德问题时,都是基于事实依据得出的价值结论。

休谟还指出,对于道德问题科学是无能为力的,科学只能回答"是什么"的问题,而不能告诉我们"应该怎样做"。简单来说,是什么和应该怎么做是两个截然不同的问题,一个基于理性,一个基于情感。这两种问题之间存在不可逾越的鸿沟。

事实判断是有客观标准的,而价值判断没有客观标准,如果没有相对客观的标准,那人类普遍的道德原则是怎么来的呢?休谟在《道德原则研究》里回答了这个问题。休谟说,一件事情是否符合道德,并没有客观标准,它反映的只是人类的一种情感偏好。道德只是人类的一种选择,甚至都不是一种必然的、有理性这种客观基础的选择,而只是一种"有用的"选择,休谟称之为

"效用"。

这里的"效用"我们其实也可以理解为人类整个群体共同认可的一种客观价值,休谟提出了"效用"的观念,因为道德总体来说对人类社会有积极正面的"效用",所以,它才成了人类的共同选择。

休谟说:"就总体而言,谁也无法否认,唯有最显著的仁慈之心,才能赋予人类以更高的价值;而仁慈之心的价值,至少部分源于它增进人类福祉和促进人类社会幸福的倾向。"

在休谟看来,道德原则的基础是情感,理性在道德判断中的作用很有限,而道德的实质内容其实仅仅是人们的情感和偏好,道德并非一个客观理性的事实。换句话说,道德其实是一种人们普遍存在的情感选择,这种观点可以说颠覆了西方几千年来理性主义对道德的认知。

从古希腊的柏拉图哲学开始,人们就普遍认为道德是一种理性的行为,换句话说,什么是好、什么是坏、什么是善、什么是恶,这些问题其实是有客观标准的,甚至是一种先验的原则,柏拉图就认为善是最高的理念。

但休谟挑战了这种道德观念,他指出在大多数道德判断中不是理性,而是情感和偏好起了决定性的作用,而人类普遍的道德原则,只是人类为了增进共同福祉所做的一种选择。当然,休谟的这种道德观念也受到了很多质疑和批判,因为这似乎有点儿功利主义的色彩。

其实，在人类历史上，几乎每个时代的每位哲学家都对伦理道德有过论述，道德是人类永恒的话题，也是人类进步和发展的基础，我们很难想象一个没有道德、没有情感而只有理性的世界。

但就今天的社会而言，理性的力量已经超过了情感的力量，人工智能正在侵蚀人类的价值判断。你喜欢什么，热爱什么，很多时候已经难以自己做主，你的选择在不经意间被引导，真正意义上的自由意志变得越来越薄弱。很多时候，大数据、人工智能可能比我们更了解自己，它们帮我们做出选择，替我们做出判断，我们的情感正被理性左右。

## 道德的本质是什么？

今天电动汽车逐渐普及，自动驾驶技术的发展也是突飞猛进，但完全意义上的自动驾驶汽车依然没有被允许正式上路，因为它不仅仅涉及技术问题，还要逾越一个伦理道德的高墙，而这个伦理道德问题的核心是什么呢？在谈论这个问题之前，我们先来说说道德哲学。

什么是道德哲学？

在《道德哲学》一书里，作者乔纳森·沃尔夫说，对道德问题的思考和反思就是道德哲学。

道德哲学并非告诉你什么是道德和不道德的，而是告诉你应该如何进行道德判断。我们常说的"授人以鱼，不如授人以渔"，道德判断是一种"渔"，一种工具。换句话说，道德哲学作为一种思想，旨在教你如何做出道德判断，而不是直接给你答案。就像亚里士多德在《伦理学》中说的，道德哲学的目标并非获取知识，而是指导行为。

道德哲学主要包括三个领域：元伦理学、规范伦理学、应用伦理学。

元伦理学研究的是道德的本质、道德规则的来源、道德权威、道德是否具有客观性，以及我们是否具有选择自由等问题。

规范伦理学研究的是如何进行道德判断，道德判断的具体原则有哪些等问题。一般来说，道德判断有八个工具：直觉主义、情感主义、功利主义、契约论、神圣命令论、义务论、利己主义、德性论。

应用伦理学研究的是针对具体的伦理道德问题，如何运用伦理道德的原则去分析和判断。比如什么情况下，堕胎是被允许的？人工智能如何进行道德判断？它还涉及安乐死、死刑和高考加分政策，等等。

**道德的本质是什么？**

举一个有趣的例子。

妈妈对儿子说:"对你妹妹好一点儿不行吗?"

儿子反问:"谁说了我必须这样做?"

这是父母和小孩之间的一段对话,父母要求他对妹妹好一些,而他质问父母这个要求的权威性,他的言外之意就是,这种道德权威是从哪里来的?为什么必须遵守?在数学中,1+1=2,三角形的内角之和等于180度,这是绝对的真理,是不以时间、空间、个人意志为转移的。那么,道德也有类似的本质吗?在道德领域有绝对的真理吗?

关于道德的本质,乔纳森·沃尔夫在《道德哲学》中提出了两种此后成为主流的观点:客观主义和文化相对主义。

道德客观主义者认为,某些习惯做法体现了真正的或者正确的道德原则,违背这些道德原则的就是错误的。而道德文化相对主义者则主要认为,道德真理在某种程度上取决于特定的文化或者传统,也就是说,道德并没有客观标准和绝对真理。

那么哪一种观点才是正确的呢?从我们的直觉来看,客观主义似乎更合理。不管文化、种族和社会环境多么不同,世界上很多道德观都是类似的,比如视故意伤害他人、欺负弱小、虐待妇女和儿童为不道德的行为。因此,似乎存在某些被普遍认可的道德原则。

当然,我们也能列举出很多由于文化环境不同而有差异的道德原则。在古代西方,奴隶制就被认为是一种合理正当的制度,不存在不道德的问题,甚至亚里士多德还说,有的人天生就是奴隶。而在我国古代,女人是男人的附属,一个男人可以有三妻四妾,男女地位并不平等,女人的地位天生就比男人要低。甚至在今天,在很多地区女性的地位依然要比男性低很多。如今在我们看来这些都是不道德的,但在某些文化环境中,它并没有什么问题。所以,在不同的文化环境中,同一问题背后的答案是不一样的,但我们也不能因此就说,文化相对主义就更正确。

在很多人看来,道德虽然跟我们的日常生活关系密切,却没有那么重要,但实际上,道德哲学的重要性远超我们的想象。举个例子,这些年科技日新月异,我们正处在人工智能大爆发的时代,而人工智能遇到的一个巨大挑战就是伦理道德。

以自动驾驶为例,假如我们把一辆车的驾驶权交给了一个人工智能,当它驾驶汽车在高速公路上飞驰时,旁边突然有一辆大货车失控,眼看就要撞上你的车了。此时你为了避免被撞,可以选择紧急刹车,然而你的后面正好是一辆同样在高速行驶的校车,你要刹车的话,不但自己会受伤,校车上几十个孩子也非常危险,这个时候你的自动驾驶汽车会如何选择呢?

其实不管它怎么选择,都会面临一个道德困境:要么牺牲你来挽救校车上的孩子,要么牺牲校车上的孩子来拯救你。这就类似现实版本的"电车难题"。所以,自动驾驶汽车能否上路,并不仅仅是单纯的技术问题，还是一个道德问题。这里的关键是，人工智能帮你做出了判断，或者说替你做出了判断，那它的判断依据是什么呢？

这个问题值得深思，因为道德判断的标准有很多种，并不存在绝对的、客观的标准。我们前面说过道德判断的原则有八个，按照不同的原则得出的判断结果是完全不一样的。

如果根据康德的义务论原则，那么作为一个有道德和理性的人，你就应该牺牲自己以保全更多的人；如果按照利己主义原则，那么你就会毫不犹豫地保全自己；如果按照功利主义的原则，那么你也可以把所有人都当成平等的个体，只计算事故可能造成伤害的数量和程度，根据计算结果从而得出一个应该怎么做的结论。

除了没有一个确定的原则为选择提供依据外，还有一个更重要的问题，那就是到底谁应该为选择负责任。纵然选择是人工智能做出的，那它就应该承担责任吗？或者责任应该归咎于汽车制造公司，抑或提供自动驾驶技术的公司？或者车主自己？

在现实世界，道德判断并不仅仅意味着判断本身，更重要的是，它还意味着选择和责任的一体两面，就像我们之前讲萨特存在主义的自由观一样，自己要为自己的自由选择承担全部责任。我们永远都有选择的自由，但问题是，我们必须为这种自由承担责任。在伦理道德领域其实也是一样，你做出了判断，就应该承担相应的责任。但我们仔细想想，在道德选择和程度责任之间，其实也存在着一种思维的跃迁，或者存在"休谟问题"。做出了选择是事实，但我为什么就一定要为我的选择负责呢？可能很多人觉得这是理所当然的，但实际上这里涉及一个非常关键的因素：自由意志。

## 没有道德，世界会怎样？

道德和自由有着千丝万缕的联系，前面我们讲了，自由意志就是"相信自己能自由选择"的一种信念。自由意志分为两种：思想的自由和行为的自由。

那自由和道德究竟有什么关系呢？简单来说，道德是一种"应该"的哲学，而自由意志是决定你是否知道"应该"的依据，我们来举几个例子。

第一个，当一个人失去理智或者一个疯子伤害了其他人，他需要承担责任吗？

第二个，当一个人在被胁迫的情况下伤害了其他人，他需要承担责任吗？

第三个，当你牵着你家的小狗外出时，狗咬伤了邻居家的小孩，为什么是你而不是小狗来承担责任呢？

当我们说是否"需要"承担责任的时候，这里的责任其实分为两种：法律责任和道德责任。法律责任关注的是客观的因果关系，而道德责任关注的是自由意志。这个怎么理解呢？

疯子失去理智伤害了其他人，你在被胁迫的情况下伤害了其他人，小狗咬伤了邻居家的小孩，在这些情况下，做出伤害的主体都不具有自由意志，或者说他们的自由意志受到某些限制。因此，我们倾向于认为，这样的行为并非出于主观动机和意图，所以这些行为的主体不应该承担道德责任，比如小狗咬伤了人，我们不会说，这是一只不道德的小狗。

但没有自由意志并不意味着就完全不需要对行为的结果负责，当然这个在法律上还有很多争议。很多罪犯找医生给自己开某种精神疾病的确诊证明，就是为了逃避法律的制裁。因为患有精神疾病就可以否认自己拥有自由意志，从而避免或者减少应当承担的法律责任。尽管道德责任和法律责任之间存在很多争议，但自由意志在其中起到了关键性的作用。

是否拥有"自由意志"，是是否应该承担道德责任和法律责任的重要条件。再来举一个例子，比如你看到马路中央有一块大石头，你并不在意，也没有把石头移开，但正是这块石头让一辆疾驰而来的汽车翻车了，还造成了多人的伤亡，那么你应该对这起车祸负责吗？

显然，你并没有直接导致这起车祸，所以在法律责任上你不需要负责。但是在道德上你负有道德责任，因为你能预见到路中央的石头会威胁其他车辆的行驶安全，你有责任和义务把石头移开，但是你没有这么做，所以，你并没有做你应该做的事情。

道德责任更看重自由意志，如果你在拥有自由意志的情况下，没有做你应该做的事情，你就需要承担道德责任。

而法律责任更看重客观的因果关系，你在客观上导致了某种结果，就需要为你的行为负责，并为此承担法律责任。

这样的例子还有很多，比如一个精神失常的人扣动手枪的扳机伤了人，在因果关系上，他确实要为伤害人负法律责任；但是他并不需要负道德责任，因为我们知道他没有自由意志。再比如，如果路边有个小孩摔倒了，你从一旁路过，却没有把小孩扶起来，间接导致小孩随后遭遇了一场车祸。在这件事上，对小孩的伤害是开车的司机造成的，司机需要负法律责任，而你本来只需要扶起小孩就可以避免这起悲剧，但你并没有这么做，所以你应当承担道德责任。

所以，法律责任和道德责任并不是一回事，但我们通常说责任的时候经常混淆两者的不同，而是否拥有自由意志对区分两者而言是非常关键的判断依据。

然而这里我们要补充的是，道德责任和法律责任两者之间并非泾渭分明。自由和不自由、应该和必须、道德和法律之间的界限还具有相当的模糊性。

回到我们一开始的问题,如果智能汽车造成了人员伤亡,责任应该如何界定呢?因为智能汽车没有自由意志,所以它的责任会转移到具有自由意志的第三方身上,那这个责任人是智能汽车的拥有者、人工智能技术的提供方,还是汽车制造公司呢?这其实是一个有待解决的伦理和法律难题。甚至,我们还可以畅想一下,当未来某一天,智能汽车拥有了一定程度的自由意志时,世界将会变成什么样子。

## 人之性恶,其善者伪也?

大家都说人性是自私自利的,它好逸恶劳且趋利避害,但是道德往往要求我们无私和利他,甚至需要自我牺牲,这两种心理倾向是完全相反的,那为什么人类会普遍存在道德感呢?这其实挺反直觉的,那人类的道德感是怎么产生的呢?

关于人的本性,古今中外很多思想家都有过精彩的论述。大卫·休谟在《道德原则研究》中说:问一个人"你为什么锻炼",他会回答"因为希望保持健康"。如果你再问"为什么想要健康",他会不假思索地回答"因为生病太痛苦了"。如果你再进一步追问,想知道他为什么憎恶痛苦,他就再没法给出任何回答了。这是最终目的，绝不关联任何其他的对象。

追求快乐和逃避痛苦是人的本性，自私自利也是人的本性，而且我们的大部分行为都有着自私自利的目的，这是大多数人普遍的认知。人都是自私自利的，人类无法做出道德行为，关于这一点有一个著名的论证：

前提一：人类的天性注定了人只会追求自利；前提二：道德通常需要自我牺牲；结论：人无法做出符合道德的行为。

这个论证看起来非常合理，如果按照这个思路，就算人类做出道德行为，其实也有点多余，甚至像是一种伪善，就像荀子所说："人之性恶，其善者伪也。"

但真的是这样吗？我们先看第一个前提，人类的天性就是自私自利吗？当然，关于这个问题，哲学上有很多的争论，但是对于"人都是自私自利的"观点，我们其实很难驳斥，至少驳斥比我们想象的要难。

你待人诚恳、对人谦逊，背后可能有着希望别人也这么对你，或者给别人留下好印象的动机。你无私帮助同事解决问题，或者帮助他成长，背后可能也有希望同事能感激你，并在你需要帮助的时候伸出援手的动机。那些做慈善的人捐钱捐物给慈善机构，背后也可能存在由此赢得好的名誉，进而让自己更有满足感的动机。总之，日常生活里，我们所有行为的背后，似乎都可以找到"自利"的动机。

进化生物学上有一个著名的"自私的基因"理论,从根本上解释了人"自利"的行为。英国演化生物学家理查德·道金斯在《自私的基因》一书中指出,过去关于自利的理论都太粗糙了,自私的其实不是人类,而是我们的基因。我们牺牲自己也不是不可以,但前提是这种牺牲有助于更好地延续我们的基因。该理论很有说服力,甚至它能很好地解释父母对子女的无私。

和"自私的基因"这一理论相关,还有一个名为"亲缘利他主义"的理论。后者认为,你自私的基因会让你无私地对那些与你有亲缘关系的人。面对亲缘关系越近的人,你会表现得越无私;而随着亲缘关系逐渐疏远,你的无私也会慢慢减少。

与该理论相对的,还有两种进化理论:互惠利他论和群体选择论。群体选择论尤其表明,人类除了有自私自利的基因外,还有无私和利他的基因。尽管达尔文"物竞天择,适者生存"的进化论不仅仅在个体层面适用,在群体层面也适用,但对一个群体来说,群里无私的人越多,这个群体的竞争力就越大。美国演化生物学家戴维·斯隆·威尔逊在其《利他之心》一书中,就详细论述了群体选择对于利他行为的影响。

为什么无私和利他的基因能在自然演化中保留下来呢?作者说,根据达尔文的进化论,无论人类还是其他生物体的演化都遵循三个基本原则:

第一,自然选择以相对适应度为基础。这个概念很重要,它表明，达尔文的自然选择理论关注的是相对优势，而不是绝对值。比如大家一起玩大富翁游戏，我给你1000美元，从绝对财富来说你多了1000美元，但是我给其他玩家2000美元，你在这个游戏竞争中就处于了劣势。这个很好理解，被狮子抓住的羚羊不是跑得不够快，而是跑得没有其他羚羊快。

第二，造福群体的行为通常并不能使个体在群体内的相对适应度最大化。这一点的意思是说，利他主义者在群体内的竞争中处于劣势。这个也很好理解，因为利他的行为会对自身有所消耗。一只狮子费尽力气为狮群捕获了一只羚羊。分享食物时，其他没有参与捕食的狮子因为有更充沛的体力反而会更具优势，而负责捕猎的那只狮子则不然。就像我们常说"会哭的孩子有奶吃"，在一个公司里也是如此，那些只会干活不懂得邀功的人，经常会在职场竞争中处于劣势。

第三，群体层面的演化主要也是通过群体之间的自然选择进行的。这一点非常重要，从第二个原则中我们可以看出，基于优胜劣汰的自然演化法则，群体内的付出者（也就是利他者）往往处于劣势，但是群体之间的演化不同于群体内部的演化。

延续上面的例子，如果草原上有许多狮群，有的狮群中利他的狮子多，有的狮群中利他的狮子少，显然，有更多利他狮子的狮群因为享有更加充足的食物，所以它们可以成长得更茁壮，在草原上各个狮群中更具竞争优势。而按照自然法则，只有少量利他狮子的狮群因为竞争力不足，注定会迎来被草原逐渐淘汰的命运。

因此，我们可以得出一个结论：在群体内部自私会战胜利他；而在群体之间，利他会战胜自私。

当群体之间的自然选择胜过群体内部的自然选择时，利他主义就得到了演化，利他的基因也会随之被保留和传承下来，这就是群体进化理论。

总之，人不仅有自私自利的基因，还有无私和利他的基因，自私是人的天性，无私和利他也是。因此人类有时候会做出自我牺牲、充满道德感的行为。有的人乐善好施，甚至可以不顾自己的利益去帮助其他人，也是天性使然。

人利他的本性是人类社会在群体演化过程中被保留下来的。那些有更强的利他精神的家族、企业、民族和国家往往在与其他群体的竞争中更具优势，在这一点上，其实我国有先天的文化优势。

新冠疫情来临时，我们更愿意为集体利益牺牲个人的时间、精力，去配合抗疫行动，从而让我们在抗击疫情方面获得了巨大的成功，这些都是优秀的中国传统价值观、世界观潜移默化的影响。

回到一开始那个论证，到目前为止，我们反驳了其中的第一个前提，并由此证明：人的天性中，不只有追求自利的本性，还有利他的本性。下一节内容，我们接着反驳第二个前提：道德总是需要自我牺牲。

## 私人的恶性带来了公共的美德

关于人的自私自利有两种理论：心理利己主义和伦理利己主义。

心理利己主义认为，追求一己私欲的满足是为了让自己过得更好，这是人的一种本性。换句话说，自私自利是人的一种本性，这一点前面我们已经介绍过了。

但伦理利己主义不同，该理论认为，从道德的角度来看，追求自利是正确的，人类有权利甚至有义务不顾他人的利益，而追求自己的利益，自私自利的行为和道德行为并不冲突。或者说，自私自利的行为在伦理道德上是被允许的，只要这种行为不伤害他人。

举个例子，你答应邻居帮他照看一天狗，那你就有道德责任去履行你的承诺。但假设照看这只狗很有意思，是你最喜欢做的事之一，那在这种情况下，道德和自利似乎就是吻合的。因此，出于自利的行为可以与道德兼容，或者说道德和自利在某些情况下不冲突。你可能会说这样的情况比较特殊，但其实这种情况很常见，而且从某种程度上来说，我们的经济系统就是在这个基础上运行起来的。

"经济学之父"亚当·斯密在《国富论》中有一句著名的话：

"我们能吃上晚餐，并非由于屠户、酿酒者或面包师的仁慈，而是因为这关乎他们的利益。"亚当·斯密认为，尽管在市场经济中经济主体受自利驱动，但最终主客体双方都能获得最大的好处。英国思想家伯纳德·曼德维尔将其总结为：私人的恶行带来了公共的美德。

这听上去非常奇怪，每个人都是自私自利的，但每个人为了一己私欲做事，却在整体上推动了社会的进步，甚至人类的行为还被冠以美德之名。实际上，这是因为每个人自利的行为都在一定程度上帮助其他人满足了他们的需求，甚至实现了其梦想，这难道不是一种更具体和实际的美德吗？

其实，某些学派的哲学家就认为，人类的道德起源以实现人类社会的共同福祉为根基，大卫·休谟即是其中之一。他在《道德原则研究》一书中，从仁爱和正义两个典型的道德品质出发，找到了人类道德的根源。

为什么是仁爱和正义呢？这是因为仁爱是人的一种自然德行，孟子也说"恻隐之心，人皆有之"；正义是人的一种社会德行，是在社会契约下表现出的一种德行，仁爱和正义正好代表了人类的天然道德感和社会道德感。那这两种道德感又是怎么来的呢？

首先，让我们看看与仁爱相关的一些道德品质，它们包括厚道、仁慈、善良、感恩、友好、同情，等等，这些品质为什么会得到人们普遍的赞许和欢迎呢？

伯里克利是古希腊雅典伟大的政治家和统帅。在他临终时，有许多人围在他的身边，歌颂他率领雅典人赢得的伟大的军事胜利，以及他在国家治理上所创造的辉煌功绩。但这位弥留之际的英雄听到这些赞美之后，却大声喊道："你们对那些以带来财富为主的、庸俗的成就谈得太多了，却忘记了对我来说最重要的一项赞美，那就是没有一个公民是因为我的过失而去世的。"显然，相较于他骄人的战绩，伯里克利更在乎自己对民众的仁爱之情。

休谟说，才智卓越的人如果缺少仁爱的美德，很容易就会招致强烈的仇恨和妒忌，这种情况在他们面对敌人时表现得尤为明显。但是仁爱的美德却会受到所有人的赞许和欢迎，这其实满足了我们群体依恋的本能和欲望。只有拥有善良、仁爱、同理心的英雄，才能让所有人都真正享有由他创造的伟大成就所带来的利益。

而我们之所以会对仁爱之人表达赞许，是因为我们受益于他给我们带来的某种幸福和满足，休谟将这一结果称之为仁爱所带来的"效用"。因为仁爱有益于大家，所以大家觉得仁爱的品质是好的。休谟因此认为，对一切道德的评判都应主要看它是否给他人和社会带来了效用。这种让他人受益的行为和品质，正是道德之所以受到赞扬和欢迎的一个根源。

接下来，让我们看看正义是如何产生的，以及它有什么效用。与仁爱一样，正义之所以受欢迎也是因为它对社会和大多数人有益，但正义作为一种社会道德，它的存在是有其社会条件的。

大卫·休谟说，假设大自然给了人类一切丰富的外部条件，我们可以随手获得任何想要的东西，那么人与人之间的任何侵害行为都不可能发生，正义在此时并不会给任何人带来额外的好处，所以它几乎没有存在的必要。还有一种极端情况，如果所有人都无法得到最低的生存保障，大家不得不为了生存而相互厮杀，那么正义似乎也不会产生。

而我们所处的社会正处于这些极端情况的中间状态。我们既会自然而然地偏向我们自己和朋友，也知道公平会带来好处。正义由此而变得有用了，也正因为如此，正义的价值才得以显现。如果一个人犯了罪，他不仅要受到公众的谴责，还要受到法律的制裁，而他的财物也可能被罚没。

也就是说，虽然这个罪犯丧失了正义的庇护，但这却是为了更多人的利益着想，如果不是以正义之名对他进行惩罚，他也可能受到冤屈和伤害。所以，从这个角度来看，法律和道德都是为了公平和正义能给大部分人带来效用而存在的。

所以，休谟才说，无论仁爱、正义还是其他的道德品质，它们之所以受到人们的赞美和欢迎，都源于它们对社会和他人带来了效用。因此，道德并非源自简单的理性或者情感，而是源于效用。

其实，关于道德的起源，在西方世界还有更加极端的观点。

比如霍布斯就认为，道德只是一种人们用以实现自己目的的手段和工具；卢梭认为，道德是一种折中协议，是强者巩固权力和控制阶级的手段；而尼采则与卢梭持相反的意见，他认为道德是一种弱者对强者的约束。这些观点在今天看来都十分犀利。那除此以外，道德还有其他的起源吗？

## 你为什么会无私帮助其他人？

关于道德的起源，还有一种非常有名的理论，那就是社会契约论。柏拉图在《理想国》里阐述了这一理论。他认为，正义这种道德品质的形成，来自一种契约，当然这里的契约类似一种多方达成的默契。契约的目的是约束所有人，让他们既不会遭受不义，也不能对他人行不义之举，既保护了自己，也限制了他人。柏拉图还指出，正义的真正起源和本质就存在于这种契约之中，契约是一种妥协，是一种介于最好和最坏之间的妥协。他说，我们所认为的正义，并不是它本身蕴含着善，它只是位于最好和最坏之间的中间点。

这种理论认为，道德是一种妥协，一种带有妥协性质的契约。这种理论看似很有道理，因为如果没有制约大家的道德规范，每个人都随心所欲，那这个社会很快就乱套了，我们不仅无法保护自己的财产，还将生活在疲惫不堪和忐忑不安的恐惧当中。

哲学家霍布斯显然是支持这种观点的，他在《利维坦》中描述了人们生活在这种无法无天的"自然状态"下是什么样子，用他的话说，那将是一种"所有人对所有人的战争"状态。所以他认为，道德是一种契约，是每个人都可以间接地、有节制地追求自利的一种妥协的协议，而我们还需要一个强大的国家机构来维护这个契约。这种理论看似非常合理，它将道德比作一种工具，我们可以用其维护我们的利己行为，并对别人的自利行为加以限制。

"囚徒困境"的理论也对这种学说给予了支持。在畅销书《超级合作者》里，两位生物学者颠覆了我们的传统认知，提出了除基因突变、自然选择之外的第三个进化法则，即合作。他们认为人类的合作精神、利他精神乃至道德感，都是进化的结果。

达尔文提出了"物竞天择，适者生存"的自然界的进化法则，《自私的基因》从基因的角度解释了人类的进化法则，而这两条法则都充满了"竞争"和"自利"的倾向，这其实非常符合我们的直觉：大自然的生存法则就是"弱肉强食"。

在上一节，我们从群体进化理论阐述了利他行为的起因，并知道了利他的基因是可能在群体进化中保留下来的。我们更进一步就会发现，其实有利他倾向和善于合作的基因，也可以追溯到另外一个进化法则,那就是合作。

这里的合作不是指为了共同的目标而合作,而是指与竞争对手进行合作,这种合作具有利他性,而这样的合作正是人类道德的起源,那这个过程是怎么发生的呢?

我们来看一个著名的思想实验:囚徒困境。

这里稍微有点儿复杂,假设你和同伙因为犯罪被警方抓捕了,而且正面临一项严重的起诉。检方将对你们分头进行审讯,并为你们各自提供一次申辩的机会。这个机会正是囚徒困境的核心,你们此时有三个选择。

第一个选择:如果你选择背叛同伙,揭发他的罪行,而你的同伙却保持沉默,选择维护你,那么你的刑期会被减到一年,而你的同伙则会被判四年。

第二个选择:如果你们都保持沉默,选择相互合作,互不揭发,那么检方就会因为证据不足,对你们从轻发落,你们二人会分别被判处两年徒刑。

第三个选择:你们都选择背叛对方,放弃合作,相互揭发,那么你们会因为两人的罪行全部暴露而被判以重罪,但考虑到你们两个人都有坦白的表现,你们会分别被处以三年徒刑。

那么关键来了,现在我们回到这个囚徒困境,如果基于自私自利的初衷,你可能会想:你的同伙要么背叛自己,要么选择与自己合作。如果他背叛,而你也背叛,你们都会获刑三年;如果他坚持合作，而你选择背叛，那么你只需要获刑一年。所以，从这个角度分析，不管你的对手怎么选择，你的最佳选择都是背叛他，就是放弃与他合作。但问题是，你的对手也会这么想，那么你们的结果就很可能是相互背叛，最终你们都获刑三年，这是最好的结果吗？显然不是！

其实，对你们来说，最好的结果是你们同时保持沉默！选择合作，如此一来你们只用被判处两年徒刑。所以在囚徒困境里，如果出于自利的考虑，你们不会获得最好的结果，但如果双方合作，放弃各自的最优选项，你们反而会获得次优的结果。其实这个思想实验还可以反复多次，非常复杂，但总的结论是，选择合作的结果，总要好于选择自私自利的结果。而这种机制在长期的人类演化过程中，让我们产生了合作和利他的本性。

大卫·休谟在分析道德来源时指出，道德是因为对群体和社会有益而被保留了下来。然而道德和合作的起源并不一样，道德可以来自对群体的效用和价值，也可以来自对本身自我的效用，这种效用在人类长期博弈过程中，逐渐形成了人的一种本能或者本性。

在日常生活中，类似囚徒困境的例子其实还有很多。当你的同事正在休假时，你愿意帮他完成他分内的工作吗？当两个互为竞争对手的公司各自为产品定价时，是应该协商合作以获得最大的利润，还是通过恶性竞争来抢夺市场呢？两个超级大国之间的军备竞赛也是一样，它们对各自而言最优的策略，都是大量增加军备，然而这样的结果可能最终导致双方玉石俱焚。所以，合作才是大势所趋，是明智之举，也是理性的选择。

在囚徒困境这个纯粹的思想实验中，合作只是在理论上或者理性上对双方最好的策略，但在现实世界其实也是如此，只有合作才是人类不断进化的根本驱动力，才是避免陷入恶性竞争和自然选择困境的一种进化方式。

囚徒困境的思想实验告诉我们，合作是一种理性的选择，在这种机制上建立起来的道德规则，会产生"你要是给我挠背，我也给你挠"一类约定俗成的道德规范。根据这种道德观，我们也可以说道德部分源于理性，甚至是一种利己的理性。

其实不管是从之前我们介绍的休谟的效用理论，还是柏拉图的社会契约论，我们都可以看出，在西方哲学里，人类道德观念的起源背后，理性是非常重要的前提。但道德真的只能基于理性吗？当然不是，其实在道德起源问题上，东西方的道德观就有很大的差别，后面我们再展开讲。

## 最大幸福原则

如前所述，道德哲学包含三个领域：元伦理学、规范伦理学、应用伦理学。而在规范伦理学中，又有八种道德判断的工具，它们分别是直觉主义、情感主义、功利主义、契约论、神圣命令论、义务论、利己主义、德性论。接下来，重点介绍三种主流的道德哲学理论：边沁和穆勒的功利主义；康德的义务论；亚里士多德的德性论。最后我们再来介绍东方儒家和道家的道德感。

我们已经介绍了休谟提出的"效用"理论，他从公共效用的角度解释了人类道德的起源，而这正是英国哲学家边沁功利主义道德观的来源。边沁是功利主义哲学的创始人，他在《道德与立法原理导论》一书中提出了著名的"最大幸福原则"。

简单来说，功利主义对某些行为持赞成或者反对意见，都与该种行为带来的利益相关，这里的利益指的不是经济利益，而是人的幸福感。能增加幸福感的行为就是道德的，反之就是不道德的。边沁说，我们在做道德决定时，正确的行为会使这种被称作功利的东西最大化，功利首先要从幸福的角度来理解，然后才是快乐和痛苦之间的差额。

这种道德判断标准看起来简单易行，只需考虑行为给个体带来的快乐和痛苦，然后执行那个快乐总量减去痛苦总量的值最大的选项。该观点认为，这样可以给人带来最大数量的幸福，因此这一标准也可以简称为"最大幸福原则"。

为什么边沁会创造这种原则来判断某一行为的道德性呢？

因为边沁认为，世界上一切的动物都是追求快乐和逃避痛苦的，这是唯一值得追求的目标。边沁由此指出，能带来快乐的行为就是好的，就是道德的。但是也有很多反对者提出，仅仅用能否带来快乐作为判断一种行为道德性的标准，似乎过于狭隘和片面了。由此可能产生一种"邪恶的快乐"，比如恐怖分子的快乐，或者看到自己讨厌的人发生车祸之后生出的那种幸灾乐祸的快乐，这样的快乐当然不值得推崇。

不过，不管怎样功利主义看起来都十分简单明了，能解释绝大多数情况。但还有一个问题，那就是幸福和快乐是很难度量的，我们怎么知道哪种行为带来的快乐和幸福更多一点呢？边沁也考虑到了这样的问题，并提出了衡量快乐和幸福的六个维度：强烈程度、持续时间、确定性、接近或者遥远、衍生性和纯粹性。

后来，英国哲学家穆勒在"最大幸福原则"的基础上又提出了有差别的幸福原则。他认为有一些类型的幸福要比其他类型的幸福更有价值一些，所以提出了幸福的质量和等级的差别。

穆勒说：做一个不满足的人要比做一头满足的猪更好，做不满足的苏格拉底要比做一个满足的傻子更好。换句话说，他告诉我们，做不满足的苏格拉底要比做满足的猪更好。

穆勒把"质量和等级"引入功利主义的道德观中同样面临问题：谁的快乐等级更高呢？苏格拉底就比普通人拥有更高级的快乐和幸福吗？这显然也有问题。

功利主义其实是一个以结果为导向的道德判断标准，它认为只要一种行为最后能带来最大的快乐和幸福，那这种行为就是好的，但这里这种理论还面临两个更严重的质疑。

第一个问题是，道德、幸福和快乐真的是一回事吗？边沁和穆勒坚持认为人类的幸福感是所有道德的基础。康德却觉得这犯了本质上的错误，他主张道德的基础应当是尊重其他理性生物的意志。

康德认为，道德不是让人获得幸福，而是让人配得上幸福。哲学家尼采在其著作《偶像的黄昏》中曾经轻蔑地评价说："人不争取幸福，只有英国人才那么做。"这其实也是在讽刺诞生于英国的功利主义道德观。

第二个问题是，功利主义道德观以结果为评判标准，很可能和其他道德观背道而驰，比如正义。英国哲学家卡里特在《伦理和政治思考》一书中提出，功利主义者的目的是避免更严重的痛苦或者追逐更大的幸福，他们更关注结果，而不是手段。

卡里特做了一个思想实验。他假设在一个城市里，某种极其凶残的犯罪频频发生，却没有一个歹徒被抓到，那么在这个时候，政府是不是可以绞死一个无辜的人，来让大家获得安全感？当然，前提是对他的指控要进行精巧的设计，从而让所有人都认为他确实犯了罪，如此一来，不仅可以威慑犯罪分子，还能给公众带来幸福。

在这个思想实验中，显然功利主义道德感和社会正义是背道而驰的，我们显然不能牺牲一个无辜的人，去换取社会暂时的安宁。

为了解决功利主义更注重结果而忽视过程和动机的尴尬，后来者对功利主义进行了一定的修正和发展，还提出了一些更为成熟的功利主义形式，比如规则功利主义、双层功利主义，想看看它们能否避免这类结果。尽管功利主义有吸引力、简单明了，还符合很多人的直觉判断，但它容易招致批评，毕竟"功利"这个词似乎从一开始就带有一些负面和贬义的色彩，虽然这个词更准确地说应该被翻译为"功效"或者"效用"。

## 康德走出了一条"哲学家之路"

如果一个杀人狂正在追赶一个无辜的人，而这个无辜的人跑进你的屋里躲了起来。杀人狂问你，看到一个人进来了吗？这个时候你应该撒个谎告诉他没有看到，还是实话实说？这是一个著名的思想实验，我们稍后来看看康德是如何回答的。

前面我们讲了英国哲学家边沁和穆勒提出的功利主义道德观。如果说功利主义道德观更注重结果的话，那么康德的义务论道德观更注重的就是动机。

每一种道德理论都有一个起点或者说出发点,那康德"义务论"的起点是什么呢?是"善良意志",也就是"善良的初心"或者"善良的动机"。和功利主义以结果论英雄不同,康德认为,善良意志之所以是善的,是道德的,就因为它本身就是善的。所以,康德的善良意志其实区分了以下两者:道德是好的和道德上好的结果。

但康德对"善良意志"的要求十分严格,他在《道德形而上学基础》一书里说:很多人极富同情心,没有任何其他虚荣或私利的动机,他们从传播欢乐中找到了乐趣,只要是他们自己的工作他们就能为使他人满意而高兴。但我坚持认为在这种情况下这种行动不管多么合适、多么亲切,却不具有真正的道德价值,而是与其他倾向在一个水平上。

显然,在康德眼里,如果一个人行善的同时还抱有获得某种满足感和自豪感的目的,这样的行为就不是纯粹道德的行为,所以在康德的道德哲学中,道德是一种纯粹的"善良意志",不含有任何私欲。康德的道德哲学甚至将"同情"视为"次等级"的道德,因为人在同情别人的时候,往往不自觉地产生某种道德优越感。

正因为如此严格的道德规范,康德又将最高的道德原则称之为"绝对命令"或者"定言命令",这是一种不容置疑的原则,这种原则指出,只有一个人在毫无私心杂念的情况下做出的善的行为才是道德的。

在康德看来，道德不是基于欲望、同情、倾向而产生的，它是一种无条件的善。从这个层面来看，这种道德观念其实与我国的道家思想所推崇的道德观非常类似。道家将"无为"视为道德，认为只有不带任何目的和意图、自然而然表现出来的行为才是道德的。

《道德经》中说："上德不德，是以有德；下德不失德，是以无德。上德无为而无以为；下德无为而有以为。"老子认为，德行高的人不认为自己德行高，因此才是真正有德之人；德行低的人不认为自己没有德行，因此才是无德之人。德行高的人顺其自然，而不追求任何主观的目的，看起来就像无所作为；德行低的人却经常有意而为之。所以，道家思想推崇的是"自然之道"，是不带任何目的的"无为之德"，这和康德的道德思想中"绝对命令"有类似的地方。

康德道德观的最高原则是绝对命令，它有三个准则：第一，你行动时所遵照的准则，应该是你意欲其成为普遍的自然法则的。第二，你行动时永远要把人性（无论是你自己的人性，还是他人的人性）视作目的，而不仅仅是一种手段。第三，你行动时要遵循一个准则，而这个准则只是可能存在的目的王国中的成员为其制定普遍法则时遵守的准则。

其实这三个准则看起来都有点儿奇怪，我们可以用两句话将其简单概括：第一句是己所不欲，勿施于人；第二句是不以别人为手段，而是目的。

在康德看来，道德行为都遵循着某条规则，而这条规则是可以成为普遍法则的。他认为道德在实践领域的地位就像真理在理性领域的地位一样。真理具有普遍性和确定性，而道德也具有普遍性，不管什么人都可以适用。

回到本节开篇提到的那个实验。在康德看来，即便是面对一个杀人狂魔，也不应该撒谎，你应该告诉他，这个人就在屋里，但是你也应该告诉他，如果他要杀害一个无辜的人，你会跟他拼命。

因为，在康德的道德哲学中"不能撒谎"是一个道德原则，在任何情况下都不能违背。可能在很多人看来，这有点儿不近人情，而这种标准也太绝对了。但这其实符合康德的"绝对命令"，它是一条普遍的法则，在任何时间对任何人都是一视同仁的。

康德绝对命令的第二条和第三条法则其实是类似的，它们说的都是目的和手段的区别。我们不应该以别人为手段，而应该视其为目的本身。也就是说，你为达到自己的目的而仅仅把别人当作手段来利用，这是不道德的。

是目的而不是手段，这句话不好理解。在康德看来，把一个人当作目的来对待，就是把他当成有独立人格、自由意志的人来对待，而不是仅仅把他当作你实现某些目的、私欲的工具和手段。

因为，如果仅仅把他人当成某种工具和手段，就等于试图让他们的意志屈从于你的意志，这是不道德的，毕竟每个人都是独立和平等的。

在康德的道德观念中，一个人荒废了自己的技能，或者结束了自己的生命，都是不道德的行为。因为这违背了绝对命令第二条法则。你不仅不能将别人作为手段，也不能将自己作为手段。通过结束自己的生命来实现你的愤世嫉俗或其他目的，把自己的身体当成实现某种目的的手段，这也是不道德的。所以，很多人说，康德的道德观念过于严苛，更像是一种理想中的道德观，在现实生活中很难做到，或者说没有人可以真正做到。

康德提出这样的道德观其实并不奇怪，因为他自己就是一个高度自律、非常严谨的人。终其一生，康德都没有离开过他的家乡科尼斯堡（现在的加里宁格勒）。他从小在科尼斯堡接受教育，大学毕业之后在当地的学校教书，直到46岁正式成为哲学教授。康德是近现代最伟大的哲学家之一，他一直过着极为严谨，甚至可以说单调的生活。他雇用了一个老仆人，为的就是在每天的固定时间提醒他做固定的事，像闹钟一样，鲜少例外。

康德每天下午都会出门散步，或者到朋友家聊天，他一般下午三点半出门，七点钟回家。长此以往大家都已经习惯了，甚至把康德看成了时钟。科尼斯堡街上的人有时候会互相询问：现在有七点钟了吗？回答的人说：大概还没有吧，因为康德先生还没

第三堂 道德观 149

有经过。后来，他每天必经的这条路，就被称为"哲学家之路"。

## 怎么做一个有道德的人？

前面我们分享了两种主流的道德哲学思想，一种是边沁和穆勒的"功利主义"，一种是康德的"义务论"。它们分别提出了判断一件事情是否符合道德的标准和法则，比如功利主义的"最大幸福原则"，"义务论"的三条"绝对律令"。

接下来，我们再来分享古希腊哲学家亚里士多德的"德性论"。相较于上述具体的、明确的道德判断原则，亚里士多德的德性论就显得比较"佛系"了。因为在两千多年前的亚里士多德看来，道德哲学可以帮助我们思考道德问题，指导我们的行为，但我们并不能将其简化为一个简单的公式或者几条法则，道德哲学更像是"实践智慧"。

我们通常将亚里士多德的"道德哲学"称为"德性论"，它是需要根据具体情境做出的一种判断，它依赖于具体情境，当然也依赖于经验。之前我们说过，道德判断其实是和文化环境高度相关的，而不仅仅是一些绝对的判断原则。比如在亚里士多德生活的年代，奴隶制度就被认为是合理的，而在今天的我们看来，这一制度却显然是违背道德的。

亚里士多德说，道德不仅需要我们思考和行动，也需要我们怀有特定的感受：同情、内疚、快乐、憎恨，等等。相较于关心"我怎么做在道德上才是正确的"，亚里士多德的德性论更关心"我应该怎样生活"这个宽泛的问题。

从德性论来看，其他伦理学思想都太关注行动，太关注判断本身，而忽视了对个体品格的培养，而德性论就认为，只有拥有稳定的道德品格的主体做出的正确的行为，才是有道德价值的。

之前我们讲幸福观的时候曾提到亚里士多德的一种观点，他认为德行一致的生活才是幸福的，而德行一致就是稳定的道德品格。有的人在大众面前表现得乐善好施，但私下又是另外一副面孔，这就是德行不一致。

亚里士多德的道德观把道德和幸福的生活联系在一起，这和康德把道德和理性等同起来是完全不一样的。或者说，亚里士多德的道德观最终关注的是人的生活是否幸福，而幸福的生活就是德行一致的生活。亚里士多德说，不为高尚行为感到欣喜的人，甚至不能算是一个善的人。具体而言，不喜欢行事公正的人，说不上是一个公正的人；不喜欢行事慷慨的人，也说不上是一个慷慨的人；其他情况亦是这样。因此，道德的行为本身必然就是令人感到愉快和幸福的。综上，我们可以说在亚里士多德的德性论中，德性的生活等于幸福的生活。

那亚里士多德的"德性"具体是指什么呢？一般来说，它指的是一系列有价值、秉性坚定的性格特征或者人格品质。诸如勇气、诚实、谦逊、节制、体贴、慷慨、善良，等等，都是一种德性。

由此可见，亚里士多德的德性论更注重的是实践，而不是一种动机或者结果，所以这种德性论也被称为实践智慧。既然是一种实践智慧，那么这种德性就不是先天的禀赋，而是可以后天习得的东西。但他也强调，自然赋予了我们接受德性的能力，然而只有通过实践，我们才能获得这种德性。

所以从这个角度来说，亚里士多德所说的德性有点儿类似我国思想家王阳明的"知行合一"，即要成为一个有德性的人，只有道德的知识和禀赋是不够的，还需要在后天的实践中不断领悟。就像看过很多书也不一定就能学会游泳一样，德性是一种需要在实践中不断磨炼的智慧，而实践的最终目的是获得幸福的生活。

那在具体的实践中，怎么做才算是有德性呢？除了开始我们说的善良、勇敢、谦虚等道德品质外，还有一个思想非常重要，那就是我们熟知的"中庸"。亚里士多德认为，正确的行为是过度和不足的平均数，过度和不足是两种恶习，是道德的对立面。就像我们之前所说，许多良好的道德品质都存在于两种极端之间的"黄金分割点"上。比如，勇敢是过度鲁莽和过度怯懦之间的黄金分割点，幽默是过于严肃和过于滑稽之间的黄金分割点，而知道如何达到两个极端之间恰当的分割点，则是需要练习和实践的。

其实亚里士多德有这样的道德观并不奇怪。这种中庸的思想不仅是流行于东方的古老智慧，还是古希腊的古老智慧。在古希腊的德尔斐神庙的石碑上刻着两行字，堪称几千年来人类智慧的结晶，它们分别是：

认识你自己；

凡事勿过度。

这和我国道家和儒家思想的一种核心概念非常类似。《中庸》所谓"道之不行也，我知之矣；知者过之，愚者不及也"，"执其两端，用其中于民，其斯以为舜乎"，都体现了一种适当性和合理性，是一种源自实践的智慧。

另外，亚里士多德还讨论了一系列与德性对应的恶习。整个讨论的核心思想是，德性可以被过度或者不足摧毁，因此我们几乎总在这个或那个方向上犯道德错误。而掌握合理性和那个"黄金分割点"是非常不容易的。

比如锻炼和饮食如果失衡就会影响体力与健康。要想身体健康，你需要锻炼；但锻炼过度，你又会伤到自己，让身体变弱。因此，过度锻炼和完全不锻炼对你来说一样不好，甚至很糟。为了健康，你需要吃喝；但暴饮暴食就像营养不良一样，也会毁掉你的健康，尽管二者的方式不同。所以亚里士多德的理念就是，要想身体健康，你的行为就必须在过度和不足之间找到一个中间点。

## 仁者，爱人

前面我们讲了西方几种典型的道德观，这一节，我们来介绍我国儒家和道家思想中的道德观。儒家思想从孔子、孟子、荀子，再到后世的程朱理学、陆王心学，其中的伦理道德观非常丰富，而这里我们主要介绍孔孟的道德思想。

和西方的伦理道德观普遍主张理性和道德价值不同，儒家的伦理道德起源于"仁"。孔子说"仁者爱人"，"仁"是儒家伦理道德的起点与核心，是一种对他人的仁爱之心，或者说是一种人内在的人格特质，一个仁者没有任何功利之心，这是东西方伦理道德观非常重要的差异。

孔子以"仁"为核心，从家庭伦理、社会伦理和治国伦理三个维度，构建起了一整套道德伦理思想体系。其核心观念"仁"，即"仁爱之心"，表现在"克己复礼"，也表现在"己所不欲，勿施于人"，它是一种对自我的克制，也是一种对他人的仁爱。

在家庭伦理上，孔子主张"孝敬"。在《中庸》中，孔子说"仁者，人也，亲亲为大"，意思是仁就是爱人，而这样的爱有亲疏远近的分别，我们尤其应该将爱父母放在第一位。在《孔子家语》中，孔子还说："孝，德之始也。"

在社会伦理上，孔子主张"泛爱"，既要具有广泛的同情心，乐于助人，待人真诚，又要亲近仁义之人。"己所不欲，勿施于人""君子成人之美，不成人之恶"，都是他的道德准则。

在治国伦理上，孔子提出了以"礼"与"仁"为核心的治国理念。他主张"为政以德"，又要求"道之以德，齐之以礼"。在他看来，用道德和礼教治理国家是最高的治国之道。这种治国方略也叫"德治"或"礼治"。具体而言，"德治"是以道德去感化教育人。孔子认为，无论善人还是恶人，都可以用道德去感化他。"礼治"是根据古代的一套礼仪制度来治理国家。人人都能严格遵守这种礼仪制度，国家治理就会井然有序。君臣、父子有别，贵贱、尊卑有序，这种区别不在于等级的高低贵贱，而在于每个人都能安守本分。

《论语·颜渊篇》记录了这样一个故事。有一天齐景公问孔子应该如何治理国家，孔子回答："君君，臣臣，父父，子子。"后来很多人以此为借口，说以孔子为代表的儒家宣扬阶级理念，但其实孔子的本意并非鼓吹阶层固化，而是让我们每个人都在遵守一定规则的前提下，安守自己的本分，这样社会才能井然有序。

孟子继承了孔子的"仁"学，并将其发展为"仁义礼智"四种道德，他为此还提出了"四端说"："恻隐之心，仁之端也；羞恶之心，义之端也；辞让之心，礼之端也；是非之心，智之端也。人之有是四端也，犹其有四体也。"这句话是说，仁是由恻隐之心发展而来的；义是由羞耻之心发展而来的；礼是由辞让之心发展而来的；智是由是非之心发展而来的。

孟子认为，仁义礼智都来自人的本性，来自人的内心。虽然它们都是儒家最基本的道德品质，但实际上"仁"才是其中的核心，因为其他三种都是人的一种外在表现，只有"仁"才是一种个体内在的人格特质。

从个人推及国家，孟子提出个体的"仁"是一种善良的本性，而一个国家的"仁"是一种爱护百姓的本性。由此，他提出了著名的"民为贵，社稷次之，君为轻"的民本主义思想，要知道当时正值战国时代，天子和君王的权力可以说是至高无上的，孟子的观点不仅非常大胆，还是巨大的创新。

国君的治国方略要以百姓的福祉为根本，这一点在《孟子》这本书中有大量的论述。孟子说"今王与百姓同乐，则王矣"，"乐民之乐者，民亦乐其乐；忧民之忧者，民亦忧其忧"。他指出国君只有真正做到与民同乐，才能成为圣王。他认为商汤讨伐夏桀、周武王讨伐商纣王都是一种正义的行为，因为夏桀和商纣王显然都无法做到与民休戚与共。

孟子的治国方略还可以用四个字来概括，那就是"仁者无敌"。《孟子》中说："行仁政而王，莫之能御也。""夫国君好仁，天下无敌。"所以，不管是在个人道德、社会伦理，还是治国伦理上，儒家思想都是以"仁"为核心和出发点的。

接下来，我们再来看看道家的道德观。儒家和道家的伦理道德观其实是对立的，或者说他们站的角度不一样。儒家从社会人的角度看伦理道德，这种伦理道德有助于社会的稳定和人与人之间的和谐共处；而道家从大自然的角度看伦理道德，他们反对任何"人为的规则设定"，认为这种"有为"是对自然之道的违背，应予摒弃。

道家认为按照道来行事，就是一种符合道德的行为，所以老子在《道德经》里说："孔德之容，惟道是从。"道家思想更注重无为，更注重顺应自然的德性，所以他们反对儒家条条框框的道德规范，老子的"失道而后德，失德而后仁，失仁而后义，失义而后礼"，就是一种对儒家的批判。

老子在《道德经》里，经常用婴儿来隐喻道，也用来比喻厚德之人。他说："含德之厚，比于赤子。"赤子就是刚出生的婴儿，老子认为他们是最天真淳朴、最接近自然状态的，因此也是最接近于道的一种存在，婴儿具有天然的德性，所以称之为"含德之厚"。

关于如何成为一个有德性的人，在《庄子·德充符》中有很多精彩的论述。庄子说："自事其心者，哀乐不易施乎前，知其不可奈何而安之若命，德之至也。"意思是说，能注重自我修养的人，喜怒哀乐都不容易使他受到影响，知道什么事情可为，什么事情不可为，并且能安于处境，顺应自然，这就是道德修养的最高境界。

《庄子·德充符》里还讲了这样一个故事。鲁国有一个被砍了脚的人，名叫王骀，他虽然看起来很愚笨，但在他门下学习的学生比孔子的门生还要多。常季于是问孔子，为什么这个人这么厉害，能"立不教，坐不议。虚而往，实而归"。也就是说，他能站不教诲、坐不议论，弟子们却能空虚而来，满载而归，在王骀这里好像都学到了很多东西，常季对此感觉很疑惑。

孔子说，王骀可以称得上圣人了，他可以把生死都置之度外，完全不受残疾的影响。他能洞悉万物的变化，还能守住自己的本性。孔子说王骀这个人的境界非常高，他视万物为一个整体，完全感觉不到自己身体的缺陷；他看待自己失去的那只脚，就像掉在地上的一块泥土一样；这种人连我都想要去拜他为师，何况那些不如我的人呢？

除了形体残缺的王骀，《庄子·德充符》中还讲了一个哀骀它的故事。据说卫国有一个人名叫哀骀它，他相貌奇丑，也没有权势和学识，但是每个与他相处过的人都不愿离开他；女子见过他后都想嫁给他。鲁哀公听说了这件事，就把他找来，要看看他到底有什么本事。结果鲁哀公与他相处了一个月之后，发现自己不仅非常信任他，甚至还愿意把国事交给他处理。

于是鲁哀公前来请教孔子，想知道这个人为何这么有魅力。孔子告诉他，自己在去楚国的路上，曾看见一群小猪在刚死去的母猪身上吸奶。过了一会儿，小猪突然就惊慌失措地跑开了，因为小猪觉得母猪不再是自己的同类了。小猪固然爱它们的母亲，但它们爱的不是母亲的形体，而是母亲内在的力量。孔子说，哀骀它之所以能不动声色地取信于人，并不在于他外在的东西，而在于他内心的德性，哀骀它可谓一个"才全而德不形"的人。

由此，我们可以看出道家和儒家之"德"的不同，甚至完全相反。道家思想中的"德"是一种内心的自然状态，是一种天性。道家认为，能保持内心自然状态的人就是有德之人，就像婴儿一样。而儒家思想的"德"更强调个人的品德和修养，更注重人和家庭、社会的关系，无论是孔子提出的"温、良、恭、俭、让"的修身五德，还是孟子提出的"仁义礼智"四种德性，都是对人自然本性的一种自我约束和克制，这和道家之"德"是完全不同的。

## 美德即知识，还是美德即良知？

我们常说人都是自私自利的，但其实自私和自利不太一样。自私是所有动物的本能，而自利或者说利己却是一种人的特性。这两个词有一些微小的差异，但正是看到了人性这两种不同的倾向，东西方道德观才走出了两条完全不一样的路。那么这个差异是什么呢？让我们从人性的自私自利讲起。

什么是自私？举例而言，如果你让一个小孩分一块糖给你吃，他多半不会，你可以说他自私；如果你问朋友借钱，他明明有钱但就是不肯借给你，你也可以说他自私，但我们不能因此就说他们很自利。我们经常说的自私，是指一个人只顾自己。

自私是一种本能，它是个体对外界的一种本能的反应，是不需要学习的，我们和动物一样具有自私的本能。

但是自利或者利己就不能完全算是本能，自利指的是只考虑自己的利益和好处。自利的着眼点是利益，这跟自私是不一样的。我生病了，你不陪我，我可以说你自私，但不能说你自利，因为你不陪我，你也得不到什么好处。自利的本质是给自己争取更多的利益，比如在分蛋糕或者分糖果的时候，一个小朋友总想要更多，甚至是全部；当公司分项目奖金的时候，每个人都想要更多，但这是自利，而不是自私。

自私是一种本性，这种旨在自我保全的本性来自生存本能，是一种"防守"的策略，而非一种"进攻"的策略。一般动物捕获了猎物，会让自己先吃饱，等它们满足了本能的生存需求后就会走开，这是动物自私的一面。但自利就不太一样，自利是有理性地参与，是满足了本能之后对更多欲望的追求。人变得越来越自利，其实是人不断趋于理性的结果，或者说是人变得越来越聪明的结果。

自利是人类一种相当独特的本性，在这种本性之上，人性又生出了贪婪和邪恶的因子。我们经常说"江山易改，本性难移"，似乎人的本性是天生的，不会改变，但很多科学研究发现，一个人的本性并不是固定的，而会随着社会环境和个人的生活经历发生改变。一个非常善良的人，有一天也可能会变得邪恶和凶残。

自私作为一种本能，并非理性的产物，它只要求自我需求的满足。而自利则是对本能需求之外的欲望，并且它中间有理性的参与和计算。

儒家和道家的道德观都是建立在本能而非理性之上的，不管是儒家的"社会之德"，还是道家的"自然之道"，其实都源自人的一种天然本能；相反，西方的道德观大部分却是建立在理性基础上的，或者说有理性的考量。

古希腊的苏格拉底就提出：美德即知识。这种观点认为，一个不懂得道德知识的人，没有办法做出符合道德的行为。道德和知识、理性都是相关的。苏格拉底又说：无知即罪恶。由此，罪恶和无知也产生了关联。亚里士多德同样认为道德和理性之间存在关联，他指出，过道德的生活就是幸福的生活，而道德是一种情感追求，也是一种理性的追求。道德的行为都是合理的，在一定程度上也强调了理性在道德中的作用。

人的本性是自利的，那应该如何遏制这种本性呢？一种理论认为，人除了自私自利的本性，还有取悦他人的本性，亚当·斯密将这种本性称之为"旁观者"，我们也可以把它叫做良心。它就像存在你内心的一个道德审判者,当你做了亏心事时,我们经常说,你对得起自己的良心吗?好像每当这个时候,这个道德裁判就会对我们的行为加以评判,进而遏制我们自利行为变本加厉。

那究竟是什么力量促使我们站到良心的高度,去审视自己的行为呢?我们认为是共情的能力或者说同理心。

请注意同理心与同情心的不同,同情指的是情感上的共情与共鸣;而同理心则是一种能站到对方角度理性思考的能力,它更多时候是一种换位思考的能力,是一种理性的表现。这也是东西方道德基础的不同点。

假如你骗了一个老人1000块钱,却在良心上过意不去,这是因为你站到了老人的角度想,觉得被骗的老人十分可怜,他或许会因此陷入巨大的悲伤,这个时候你可能良心发现,进而把钱还回去。这里起作用的不仅仅有同情心、同理心,还有理性换位思考的能力。

亚当·斯密的《道德情操论》和《国富论》两本书都认为,现代经济学的出发点在于人都是自私自利的,每个人的行为都出于自私自利的目的,却在整体上推动了社会进步。他谈及有一只"看不见的手"很重要,那就是市场的调节作用。而在道德领域,良知或者说"旁观者"就是那只"看不见的手",它遏制了人性的利己冲动,节制了人性的欲望。

经济学是建立在"人都是自私自利,但不损害他人"的基础上的，它旨在让所有人都受益，这是最原始的目的，看起来非常符合常理。亚当·斯密认为，在市场经济中，经济主体受自利驱动，但是最终双方都能获得最大的好处。

但经过数百年的发展，今天的情况出现了巨大的变化，人们对利益的追求也越来越极端。垄断、寡头、剥削频频出现，金融危机、通货膨胀不断发生，看不见的手的作用越来越小，市场变得越来越不理性。在道德领域也是如此，理性的作用越来越弱，人们很容易就会走向道德的沦丧。

休谟在《人性论》中提出，人类的道德来自一种"效用"。也就是说，因为道德能给予人们福祉，能增强人们的幸福感，所以人们选择了共同遵守道德原则。道德在这里不是基于本能的情感，而是基于理性的算计。后来的英国哲学家边沁和穆勒提出了功利主义的道德观，"最大幸福原则"广为人知。他们认为能带来最大幸福的行为就是道德的行为，后来这种功利主义伦理学还影响了美国的实用主义伦理学，今天的美国文化就在很大程度上受到了英国功利主义思想的影响。

总之，在西方道德观里，理性占有非常重要的位置，这和我国的道德观截然不同。我们看到了人自私的本能，也看到了人普遍的同情心。人类道德感的产生基于人的本能情感，而非理性。孟子说每个人都有"仁义礼智"四种道德品质，而它们分别来自人的四种本性，即恻隐之心、羞恶之心、辞让之心、是非之心。

由于人皆有恻隐之心，所以我们都不忍心看到他人受苦，看到别人家的小孩掉入水井，我们会感到惊恐和怜悯，会出于本能地伸出援手。在孟子看来，恻隐之心是仁德的开端；谦让之心是守礼的开端；羞耻之心是义行的开端；是非之心是智慧的开端。而这四端就像一个人的身上的四肢一样，是与生俱来的。

简单来说，西方道德观更强调道德是理性的产物，而非源自人的一种自然本性；而我国的道德观更强调道德是情感的产物，源自人本真的情感，而非出于某种理性的理由。这是东西方对于道德来源的不同定义。

第四堂

# 生死观

## 向死而生

生死向来是我们比较忌讳的话题。孔子说:"未知生,焉知死?"生的事情还没有弄清楚,哪有时间去担心死后的事情呢?

《列子》里讲了一个有趣的故事。有一天,孔子的学生子贡对学习感到厌倦了,就和孔子说:"我想找一个地方小歇一下。"

孔子说:"人生没有任何休息的位置了。"

子贡说:"难道我就没有休息的地方了吗?"

孔子说:"有的!你看那个墓地,外面高大宽阔,好似山巅,里面非常宽敞,还与世隔绝,那里可以休息,你要不要去呀?"

生命不息,奋斗不止,至死方休,这虽然有点儿悲情的色彩,但还是很励志的。

与儒家不同,道家思想对死亡的态度比较坦然。庄子说:"方生方死,方死方生。""古之真人,不知说生,不知恶死。"在庄子看来,生死是一种自然而然的状态,就像黑夜和白天会自然交替一样正常。

东西方还有很多关于生死的哲学思考,接下来我们首先介绍德国哲学家海德格尔的生死观。但在介绍海德格尔的观点之前,让我们简单回顾一下他的主要思想。

海德格尔区分了存在者和存在。他认为西方哲学自柏拉图以来就走错了方向，误把存在者当成了存在，亚里士多德更是把存在等同于实体。他指出存在者和存在的区别在于，存在者是静态和固化的，而存在是一个过程。世界无时无刻不处于运动变化之中，变化才是"存在"的本质。海德格尔举例说，一束花就是一个"存在者"，而开花的过程才是"存在"。

西方哲学从柏拉图开始，就走上了另外一条路，着眼于"存在者"，而忽视了"存在"本身。从柏拉图的"理念"、亚里士多德的"实体"、笛卡尔的"我思"、康德的"物自体"，再到黑格尔的"绝对精神"，西方哲学其实一直在关注"存在"本身，或者说我们要认识的这个对象本身，它忽略的只是"存在"形成的过程。海德格尔说，我们关注的不是"你是谁"，而是"你是如何成为你的"，这是"存在者"和"存在"的关键区别。

那要如何发现存在的本质和意义呢？海德格尔认为，要研究存在的意义，需要从存在者开始，而人就是一个特殊的存在者，海德格尔称之为"此在"，表示"存在于此"，为什么要先从人这种"此在"开始研究呢？

这是因为通过人的存在，其他存在者才得以显示它们的意义。一切存在者存在的意义，是通过人的存在而显示出来的，所以，人这种存在者很重要。这其实是存在主义的思想，意思是说，万物的存在都是以人的存在为基础的，是人赋予了万物存在的意义和本质。

同时，海德格尔提出，人的这种"此在"有两种存在状态：一种是"本真的"，一种是"非本真的"。常人的存在是一种非自立非本真的存在，比如人都是好逸恶劳的，通过这些"非本真的""沉沦"的状态，我们可以逃避责任和负担，这样"此在"就可以处于一种相对轻松自在的状态，但这是一种非本真的状态，或者说，这不是一种真正的存在状态。

在有本书中，我看到过这样一个问题：为什么地球上的植物存在了几十亿年了，但它们一直没有进化出大脑呢？答案是植物不需要思考，所以没必要进化出大脑。那植物为什么不需要思考呢？

因为植物天然地通过光合作用就可以生存，所以它们不需要思考，也没有必要进化出大脑。其实，所有存在者都一样，都趋向于"非本真的"存在。就像植物一样，如果不思考就可以生存，那为什么还需要思考呢？不需要思考当然就不会进化出"大脑"。

但人这种"此在"和其他"存在者"不一样，我们能思考，有自我意识。那"此在"是如何展示或者呈现自己的呢？通过三种方式：情态、理解、话语。

而这三种现实状态有一个共同特征，海德格尔称之为"挂念"，这个词也有关心和关注的意思。和我们通常理解的不同，"挂念"没有特定的对象和目标，它就像我们大脑的意识一样，会无休止地想象。正因为我们有"挂念"的特质，所以可以挣脱出

"非本真的状态",通过谋划、设计和选择等方式成为本真的自己。为了说明"挂念"与人之本质的关系,海德格尔还引用过一个寓言故事。

有一天,"挂念"过河的时候,看到地上有一块黏土,就把它拿起来塑造。他后来遇见掌管精神世界的天神朱庇特,就请他赐予这块黏土精神。天神很慷慨地答应了他。"挂念"把黏土塑造成之后,打算给他取个名字。"挂念"本来以自己的名字为其命名,即称他为"挂念",但是天神说:"不行!是我给了他精神!"大地也说:"不行!你拿的是我的黏土!"

于是,天神和大地争执不休,就请"时间"来当裁判。"时间"宣判道:天神既然给了他精神,那么在他死后,可由天神取回他的精神;大地既然给了他身体,那么在他死后,可由大地取回他的身体;"挂念"是他最早的塑造者,所以就让"挂念"来掌握他的思维。现在你们因为取名字而争执,暂且可以称之为"人"。

海德格尔通过这个故事生动地展现了"人"和"挂念"之间的关系,揭示了人的一生都生活在"挂念"之中这个真相。人有"挂念"的特质,也有自我意识,在所有的这些意识里,有一种意识最特殊,那就是对"死亡的畏惧",或者说对死亡的"挂念"。这种畏惧无时无刻不在,所以,我们会一直想办法来逃离这种畏惧。

海德格尔有一句名言，叫"向死而生"。

人的一生是一个走向死亡的过程。一方面，这个过程面向沉沦，因为一旦死亡，就意味着我们会失去所有，包括选择的自由，这是死亡畏惧的消极一面；但另一方面，正是因为对死亡的畏惧，才把我们逼回到本真的自己。当我们面对死亡的畏惧时，会陷入短暂的虚无状态，周围空无一物，无依无靠，我们需要一个人独自面对，因为没有人可以替你死亡。

然而当我们面临这种情况时，我们会重新思考自己的处境。所谓置之死地而后生，这个时候，我们只能勇敢面对，鼓起勇气，独自前行。这个时候，我们就不再是一个沉沦的存在者，而是一个可以掌控自己生命意志的存在者。换句话说，对死亡的畏惧会催生一个人本真的状态，这就是向死而生，也是死亡畏惧的积极一面。

据说乔布斯曾在一次演讲中说，当你把每一天都当成生命中的最后一天时，反而会觉得轻松自在。当你早上起来，面对镜子问自己：如果今天是此生最后一天，我要干些什么？每当我连续好几天都得到"无事可做"的答案的时候，我就知道必须有所改变了。

乔布斯接着说，提醒自己"我快要死了"，是他做人生的重大决定时所用过的最重要的工具。因为每当这个时候，所有外界的期望、对名誉的顾虑、对困难或失败的恐惧都会消失，只有最重要的东西才会留下。追随自己的内心,才能发现我们真正的热爱。这就是"向死而生"的真正意义,也是一种非常积极的人生观。

就像海德格尔所说,人只有经历过死亡的畏惧,经历过虚无的时刻,才会对当下的生活有所领悟,本真地活着才会成为可能。

## 真正严肃的哲学问题只有一个

哲学家加缪说:"真正严肃的哲学问题只有一个,那就是自杀。"这句话听起来有点儿奇怪,但其实很深刻。

关于生死,西方哲学里有两种观点:一种观点认为生与死相连,死亡也是生命的一部分,死亡对生命是具有某些价值的;另一种观点则认为生与死是对立的,死亡是对生命的否定,或者说死亡就是对生命意义的抹杀。我们先来说第一种。

海德格尔说"向死而生",他认为死亡作为生命的一部分,就像一首乐曲的完结符一样,它代表的只是生命在时间上的终结。但这个终结符是非常重要和有意义的。正是因为我们随时都面临死亡的威胁,才激发了我们对于自我本真的追求,才让我们明白存在的意义与生命的价值,从而获得"向死而生"的自由。海德格尔通过"向死而生"赋予了死亡意义,在他看来,死亡是生命的一部分,只有通过死亡,我们才能实现生命的本真和圆满。

而存在主义哲学家加缪其实也持有类似的观点。加缪曾说:"真正严肃的哲学问题只有一个,那就是自杀。"他认为当我们追问人生意义为何的时候,也就是在问:我们为什么活着?而这个问题其实也可以反过来理解:我们为什么不立刻自杀呢?所以,当我们回答了"我为什么不立刻自杀"这个问题的时候,也就找到了当下的人生意义与自己存在的价值。

奥地利有一个犹太人名叫维克多·弗兰克尔,"二战"的时候,他被关进纳粹集中营,经历了地狱般的磨难。此后他侥幸逃生,并成了一名心理学家。他在治疗的时候经常问病人:"你为什么不自杀?"借助病人的回答,他可以帮助病人重新找到人生意义。

假如你的回答是"我不想死,因为我还想到处旅游,享受生活","我不想死,因为我不能让父母伤心","我不想死,因为我还没有谈过恋爱"……那么,这些答案就是你现在的人生意义,也可以说是你存在的价值。

加缪在《西西弗斯神话》中,对死亡和人生意义等话题做了精彩的阐释。在古希腊神话里,西西弗斯原是古时候的一个国王,但他因为触怒天神,受到了诸神的惩罚。诸神令其把一块巨大的石头推向山顶,然而每当他即将成功时,石头就会因为重力从山顶滚下。于是西西弗斯需要一次次地推石头上山，循环往复，没有尽头。

**诸神认为这种无用又无望的劳作就是最可怕的惩罚**，当然加缪是在用这个故事来隐喻我们的人生，并告诉我们，人生本来就是没有意义的，是没有任何希望的，是非常荒诞的。加缪的哲学也因此被称为"荒诞"哲学。荒诞是希望的反面，如果希望代表一种确定性和目的性的话，那么荒诞所代表的就是一种不确定性和无目的性。

加缪认为，荒诞才是人生的主题或者说底色。不过他也指出，人生固然就像西西弗斯每天都要推石头上山一样，似乎是没有任何意义和目的的，但西西弗斯并没有因为这个看似非常残酷的惩罚而妥协，他可以在独自下山的过程中欣赏沿途的美景，在推石头上山的过程中思考，而这些都可以让这个枯燥的过程充满乐趣，西西弗斯也坚持了下来。

那从西西弗斯的故事到加缪的荒诞哲学，究竟给了我们怎样的人生启示呢？

首先，加缪为我们设定了人生的底线，希望我们先接受这样的命运安排，认识到人生的荒诞和表面上的毫无意义。但他更希望我们因为看清人生的本质而对此释怀，如此你往后每前进一步都是收获，都是积极的。

我们每天都吃饭、睡觉，然而吃饭和睡觉本身只是为了维持我们的生命。这是我们寻找人生意义的起点，而不是终点。我们当然不能每天只盯着吃饭和睡觉这些事去追问意义，还应当在别的地方寻找人生意义。

如果你对每天上班、下班、回家这样三点一线的生活感到有点儿无聊的话，可以试试万维钢老师的方法。他在一期节目中说，其实每个人都应该有个秘密项目，这个秘密项目不是普通的业余爱好，你需要非常严肃认真地对待，每天都取得一些进展，然后达到很高的水平。这是在平凡的生活之余创造一种新的人生意义的好办法。

其次，加缪赋予了我们人生意义的开放性。固然荒诞是人生的底色，人生没有确定的终极意义，但人生的意义也因此具有了开放性。人生没有预设，我们接受了命运的底线之后，并不能就此认命，而应当更开放地去寻找属于自己的人生意义。

诸神用推石头上山来惩罚西西弗斯，但真正的惩罚并不是辛苦的劳作，而是思想和理念上的折磨。他们用这种无止境的重复劳作，让西西弗斯看不到人生的希望，但西西弗斯逐渐认识到，自己改变不了命运，他唯一可以做的就是继续推石头。然而人生意义是可以自己决定的，除了推石头上山之外，命运其实掌握在自己手里。直到有一天，他发现自己可以蔑视命运，甚至用享受推石头上山这个过程，来否定诸神对他的惩罚，于是，他重新收获了快乐。

加缪最后写道："那岩石的每个细粒，那黑暗笼罩的大山每道矿物的光芒，都成了他一人世界的组成部分。攀登山顶的拼搏本身足以充实一颗人心。我们应当想象西西弗斯是幸福的。"

## 死亡在生命之外

前面我们以海德格尔的"向死而生"和加缪的西西弗斯神话为代表，讲了西方哲学里第一种生死观，接下来我们讲一下西方哲学里第二种生死观。该观点以法国存在主义哲学家萨特为代表，他曾说："如果我们应当死去，我们的生命便没有了意义。"

萨特和海德格尔正好相反，他把死亡拒之门外。在他看来，死亡是在生命之外的，它不但不会赋予生命任何意义，相反还会把一切的意义从生命中抹去。萨特认为，死亡是生命中的偶然事件，尽管生命必然走向终结，但这种结束会采取何种方式是完全偶然的，而且这种偶然性也不是上帝能够决定的。他还指出，死亡对于我们来说永远都不是应该发生的。

萨特把"存在"分为两种：自在存在和自为存在。自在存在就是事物本身，有点儿类似康德所说的"物自体"，它是没有意识参与的，杂乱无章，也毫无意义、目的和任何本质。而自为存在则不一样，它是自在之物和意识的结合，因为有了意识的参与，自为存在就有了意义，它有目的，同时也有绝对的自由，而自为存在的典型其实就是人。

综上所述，区别自在存在和自为存在的关键就在于意识是否在其中发挥作用。萨特认为，死亡作为对生命的抹杀，意味着把有意识的自为存在，转化为无意识的自在存在，这两种存在是完全不同的。在这个过程中，自为存在不能再通过自由的意识改变自己，一切的可能性和意义都终止了，都消失了。所以，萨特对死亡的态度其实和海德格尔正好相反，根据他的观点，死亡总是"我的可能性的虚无化，死亡在生命之外"。

那我们应该如何面对死亡呢？既然死亡在生命之外，它是一种偶然和荒诞的事实，而不是生命的一部分，那么我们完全可以摒弃对于死亡的恐惧，转而以一种平静的态度看待它：它不过是生命中的一个偶然性事实罢了。

## 生也死之徒，死也生之始

道家思想家列子在《列子·天瑞篇》中把人生分为四个阶段：婴孩、少壮、老年、死亡。

列子说，人生的第一个阶段是婴儿和孩童时期。当此之时，他们志向专一，元气淳和，外物对他构不成伤害，没有任何人的德行能比他更高尚了。这其实和老子《道德经》里的描述一脉相承。老子经常用婴儿来隐喻道，他认为婴儿的天赋和德行保持得最完整。他还说："载营魄抱一，能无离乎？专气致柔，能如婴儿乎？"

人生的第二个阶段是少壮时期，当此之时，人血气方刚，欲望增加，外物会对他有所干扰，因此他的德行就会减退。

人生第三个阶段是老年时期，当此之时，人的欲望减弱，身体也已经接近死亡，外物很难扰乱他的精神，虽然比不上婴儿孩童时期的德行完好，但比起少壮之时要好很多。

人生第四个阶段是死亡，到了死亡之时，人也走到了安息之所，就回到了他的归宿。

列子说，所谓死亡，就是本性的回归，所以古人把去世的人称为归人。大家都明白人生的愉悦，不清楚人生的痛处；都明白衰老的疲倦，不清楚老者的舒适；都厌倦死亡，不明白死亡其实是休息。去世的本质就是回归，身体回归大地，灵魂离开躯壳回归到它的初生之地，人死后被叫做"鬼"，"鬼"就是"归"的意思。这是道家思想家列子对死亡的解释。

道家思想家庄子在《庄子·知北游》中说："生也死之徒，死也生之始，孰知其纪？人之生，气之聚也。聚则为生，散则为死。"庄子认为，生和死是同类，死是生的开始，没有人知道其中的大道理。而人的诞生是气的聚合，气聚合以后形成生命，气离散以后人便会死亡，生死是互为循环的。如果死和生是同类的话，那么我们又何必担心死亡呢？所以，万物说到底是同一的。

庄子在《庄子·天地篇》中又说："万物一府，死生同状。"万物最终归结于一，都差不多，死和生并不存在区别。庄子认为，谁可以把"无"看成开始，把"生"看作过程，把"生死存亡"看成一个整体，这个人就悟道了。

《庄子·大宗师》里讲过一个著名的故事。子桑户、孟子反、子琴张三个人是好朋友，有一天子桑户去世了，一直没有埋葬。孔子听说了，就派弟子子贡去帮忙料理丧事。子贡去了之后，却看到孟子反和子琴张或者在编歌曲，或者在弹琴，两人还对着尸体唱起了歌。

子贡于是走上前质问："你们的好朋友去世了，你们却对着尸体唱歌，这样合乎礼仪吗？"孟子反和子琴张相视而笑，说道："你怎么知道什么是真正的礼呀？"子贡回来后，把这件事告诉了孔子，孔子说："他们游方之外，早已摆脱礼仪的约束，看淡了生死，而逍遥于世俗之外，而我们却还生活在世俗之中，我实在是太浅薄了！"

所谓"游方之外"，"方"就是社会的意思，所以我国当代著名哲学家冯友兰总结说：儒家是入世的哲学，而道家是出世的哲学。

最后，我们再来看看老子在《道德经》里对于生死的看法。

《道德经·第五十章》说:"出生入死。生之徒,十有三;死之徒,十有三;人之生,动之死地,十有三。"人从出生到死去,寿命短的有十分之三,寿命长的有十分之三,这些都是自然现象。还有一些人,他们本来是可以获得长寿的,但自己作死或者寻死,这些人也有十分之三。为什么这些本来应该长寿的人会作死或者寻死呢?不是因为他们怕死,而是因为他们贪生,或者说做事太过度了。

老子说,善于养护自己生命的人,在路上行走不会遇到凶恶的犀牛和老虎,在战争中也不会受到兵器的伤害。犀牛用不上它的角,老虎用不上它的爪,兵器用不上它的刃,这是为什么呢?因为他不会去招惹犀牛、老虎和兵器。因此,老子认为,过度或者逞强都是不好的,这是一种"有为"的表现,也是一种不自然的表现。很多人为了养生过度保养,吃各种保健品,反而让自己失去了天然的免疫力,甚至有的还吃出了病来,也是同样的道理。

老子还说:"强梁者,不得其死,吾将以为教父。"他认为那些极力逞强的人都不得好死,还将此当成了教导他人的宗旨。

其实,不管是老子、列子还是庄子,道家都将生死视作自然现象。道家的"道"就是对自然的模仿与顺应。在人生问题上也是一样,道家认为生死是一种自然规律,没有必要去和大自然抗衡,过好自己的生活最重要。

第五堂

# 权力观

## 如果有可能，人人都想成为上帝

权力是一种看不见摸不着的东西，每个人都似乎对权力趋之若鹜。父母对孩子有权力，上级对下级有权力。那么权力到底是什么，它是如何产生的，它的本质又是什么？

关于"什么是权力"，通常的解释是，权力是控制他人及某件事情结果的能力。

权力就像一种"自然力"，比如我用力推杯子，杯子就会向前移动，但它显然又不是"自然力"。权力的形态有很多种，政治学、经济学、社会学和管理学等领域都有各自的权力，例如政治中制定和执行法律的权力，经济中给商品定价和制定贸易规则的权力，企业管理中上级对下级奖赏和激励的权力……在社会关系里，明星对粉丝有隐性的权力；而在家庭关系里，家长对孩子也有监管和教育的权力。总之，权力是无处不在的，它涉及我们现实社会生活的方方面面。那权力是如何产生的呢？让我们从需求和欲望讲起。

罗素在《权力论》中提出，人和动物的区别是什么呢？有人说是理性、语言或者使用工具的能力，等等。但是从生存本能来说，人和动物的一个重要区别是欲望。动物只有需求，而人除了有需求之外还有欲望。

庄子说："鹪鹩巢于深林，不过一枝；偃鼠饮河，不过满腹。"小鸟在林中筑巢，只需要一根树枝；鼹鼠在河里饮水，只要喝饱就可以了。而蟒蛇吃饱就睡觉，直到饿了之后才会再去捕食。狮子在捕获了大型动物之后，会把吃饱后剩下的食物分享给其他同伴，这并不是狮子友善，而是出于动物的本能。它们的本能主要是满足两个需求：生存和繁衍。

动物没有过多的欲望，这一点很少有例外，但人不一样，人在满足了基本的需求之后，并不会因此就停下脚步。人的欲望是无止境的，永远也得不到满足。但我们可以更进一步追问，为什么人会有欲望，而其他动物很少呢？答案是：想象力。

人所追求的并不仅限于眼前需求的满足，这和大部分动物都不一样。尽管一些动物也会囤积粮食，但大部分动物觅食的行为还是出于本能，而不是一种谋划。这里的关键是，人类从一开始就比其他动物多了一点点想象力。而正是想象力的作用，才让我们能够看到更远的未来，而不只是当下。所以说，**想象力才是欲望的边界**。

比如你吃了这一顿，你会想明天、后天，甚至下一年的食物从哪里来。人会这么想，而大多数动物不会。正因为有了想象力的一点点差距，我们可以幻想未来，并为未来的事情担忧和谋划。所以，当远古的人类吃饱之后，就学会了疯狂地抢夺别人的东西，因为他知道这些东西可能会让自己安稳过冬，未来不至于挨饿。

想象力带来了一种重要的生存能力，那就是未雨绸缪。它同样还让我们懂得分享和合作的重要性，因为我们可以想象到，自己这一次慷慨的分享，未来可能换来其他同伴同样的行为。想象力也让我们产生了延时满足的能力，我们可以忍住当下的饥饿，而为了长久地生存下去。分享、合作、延时满足等能力极大地提升了人的生存和繁衍能力，也加速了人类大脑的进化。

通过数百万年的进化，人类逐渐脱颖而出，和其他动物拉开了差距。而在这个过程中，想象力发挥了至关重要的作用，它让我们更有远见，这一点非常关键。但这也带来了一些问题，欲望就因此而生，我们不再满足于当下的生存需要，而想要更多。

所以，想象力才是欲望的边界，只要能想到，我们就想拥有。

你可以想象一下，远古时期的人类会为了更好地生存下来而囤积更多的食物，但一个人的能力毕竟是有限的。虽然有合作与分享的机制，但当时道德、法律和完善的社会规则还远未形成。所以，光靠人们的自觉和相互之间微弱的信任并不能保证一个群体更好地生存。于是除了身体的优势以外，人类社会逐渐演化出了一些代表权力的东西，比如神话、宗教、长者、首领，等等。通过权力，我们可以最大限度地利用身体和力量的优势，获得更多也更丰富的资源。具体到某个人，从这个人当上首领那一刻起，他就拥有了绝对的权力，从而保证了他可以占有更多优质的资源。一旦这样的观念形成，人们对权力的追求就无法再停下来。

想象力是驱使我们在满足了基本需求之后，还会继续奋斗的一种力量。而且这种力量是无穷的。

我们努力工作的动力之一，来自对自身有一天能实现财富自由，过上无忧无虑生活的幻想；我们要求孩子努力学习，也是希望他未来有一天能出人头地，过上衣食无忧、健康幸福的生活。无尽的想象力让我们可以幻想虽然现在可能还未拥有，但未来某一天可以获得的东西，甚至还能够提前感受幻想变成现实的满足感。

所以，罗素说，想象力才是人类欲望的边界，如果可能的话，人人都想成为上帝。

而欲望正是想象力的副产品，在无数的欲望里主要有两种欲望：权力欲和荣誉欲。而荣誉的获得主要也是通过权力来实现的。所以，从这个角度说，对权力的追求是人最核心的欲望。

在很多人看来，欲望是人生痛苦的根源，或者说对欲望的不满足带来了人生的很多痛苦。但欲望在某种程度上也是人类社会进步的原动力，尤其是对权力的欲望。

在经济学里，我们通常认为人是自私自利的动物，人为了满足自我的需求，构建起了一个每个人都能相互满足需求的市场。在这个市场里，虽然人都有自私自利的目的，但却从总体上推动了社会的进步。

就像亚当·斯密在《国富论》中所说："我们能吃上晚餐，并非由于屠户、酿酒者或面包师的仁慈，而是因为这关乎他们的利益。"

在经济学理论里，"自私自利的理性人"是一种普遍的假设，但罗素否认了这种假设。罗素说，当购买商品的欲望离开了权力和荣誉这两种欲望的时候，这种欲望就非常有限了。换句话说，如果人活着只是为了追求吃饱穿暖的基本需求，而没有更多的欲望，那么市场经济对社会推动的作用就非常有限了。

人真正的欲望并非对物质享受的追逐，而是对权力和荣誉的追求。当物质生活有了基本的保障之后，个人和社会所追求的是权力，而不是财富。或者说很多人把追求财富当成了追求权力的一种手段。因为当财富和权力必须二选一的时候，人们往往放弃财富而选择权力。

其实，人对权力的欲望不仅表现在经济活动中，在社会生活中也是如此。权力这种"力"就像自然界中的"能量"一样，物理世界是靠能量转换来运行的，而罗素发明了社会动力学，根据他的观点，在人类社会中是权力的转换推动了社会的运行。

财富、武装力量、舆论势力，都是权力的一种。在人类社会的经济贸易、军事科技和政治领域，也都充斥着权力的博弈。权力和能量很像。能量是驱动自然界运行的底层驱动力，而权力是人类社会运行的底层驱动力。热衷权力是人类最强烈的动机之一，甚至是推动人类社会前进的主要动力。罗素说，权力欲弱的人，是不可能对人类社会的演进产生多大影响的。

在远古社会，权力意味着生存优势，是一种无形的力量。而在今天的社会，权力也遍布社会生活的每一个角落，人与人之间、国家与国家之间都是如此，权力的博弈无处不在。

那在今天的社会，权力的本质发生了哪些改变呢？

## 权力的本质是一种依赖关系

权力的本质是什么？罗素认为，权力的本质是一种信条。

根据罗素的观点，能量是驱动自然界运行的底层驱动力；而权力就是人类社会运行的底层驱动力。热衷权力是人类最强烈的动机之一，甚至是推动人类社会前进的主要动力。我们仔细想想就会发现，其实权力存在于关系之中，因为如果没有人与人之间的关系，权力就不存在，就像在人类社会形成之初，权力可以让我们占有和获取更多资源，帮助我们提高生存能力。但说到底，权力并不是客观存在的，而只是一种人与人之间关系中的想象，或者说权力是一种被大家公认的信条。

那么"权力的本质是一种信条"这句话该怎么理解呢？法律之所以有用，是因为所有人都选择尊重和相信法律的公正性，从而赋予了法律权威。同样，在远古时期的部落里，正因为所有人都选择信奉一种神祇或者宗教，才使掌握宗教话语的人变成了手握权力的人。所以，从这个角度来说，权力是一种信条。

权力对个人来说是信念，对一个社会和国家来说就是一种信条。我们选择共同相信什么，就会赋予其权力。法律是一种信条，文化是一种信条，道德也是一种信条。我们换个角度来理解，信条其实是一种共同的想象，就像以色列历史学家尤瓦尔·赫拉利在《人类简史》里所指出的，人类是想象的共同体。他说，是什么因素使得人类在过去240万年的时间里像虫子一样生活，但到最近的10万年却摇身一变，成了地球的主宰呢？说到底，就是想象力的作用。

罗素认为权力的欲望来自想象力，而尤瓦尔·赫拉利则把人类"共同想象"的能力视作人类社会得以形成的主要原因。

如果说权力是一种信条，那么谁创造这种信条或者掌握这种信条的阐释权，就变得异常重要。罗素称这种信条为"支配舆论的权力"。他认为，在一切社会事务中，最终的权力是对舆论的掌控。舆论会影响甚至控制一个人的思想，而只要控制了一个人的思想，就等于控制了这个人。所以要想掌控一个人或者一群人的思想，支配舆论的权力就是决定性的，这就是西方社会在国家事务中如此看重话语权的原因。

罗素甚至说，舆论是万能的，其他一切形式的权力都源自舆论。根据他的观点，只有士兵相信他们为之战斗的事业，军队才能成立并发挥作用；只有法律得到普遍的尊重和认可，法律才有用武之地。他相信支配舆论的权力是一切权力的源泉，但也指出，支配舆论的权力要想发挥作用，还需要军事行动与武装力量的配合。

由舆论形成权力的过程大概是这样的：首先，宣传者用一种观点或者思想赢得了部分人的认可，并改变了这些人的想法。也就是说，舆论一开始只会影响一小部分人。其次，宣传者用武力确保社会中其他人都能接触到正确的宣传。最后，绝大多数人都对这种宣传深信不疑，并视之为信仰，此时就不太需要武力的保障了。换句话说，舆论和武力共同创造了一种信条，这种信条成了一种权力。而今天的西方话语体系大概就是这样建立的。

权力是一种信条，或者说是一种共同的想象，那这种想象和信条的基础是什么呢？为什么我们会选择信奉这种信条呢？除了武力或者其他外部力量的干预，还有没有其他形成权力的基础呢？接下来，让我们回到日常生活中，重新审视一下权力的本质。

在今天的社会生活中，存在于人与人之间的权力，显然不能通过武力干涉来形成，甚至都不能通过简单的舆论宣传来形成。说到权力，我们很容易想到社会角色、财富、地位等因素。比如父母对小孩的权力、上级对下属的权力、公司对员工的权力、老师对学生的权力……我们通常认为，是父母、上级、公司、老师这些角色赋予了他们权力。但其实并不是这样，在《权力》一书中，美国社会心理学家德博拉·格林菲尔德提出了一个全新的观点：

权力的本质，是他人对你的依赖程度。

我们来举个例子。当公司的领导可以决定下属是否能够升职加薪的时候，他是拥有权力的，这个权力是他的角色赋予他的，但是当下属的升职加薪并不由领导决定的时候，领导对下属的权力就会被削弱。或者反过来，当下属的业绩将决定上司的绩效时，那么领导对下属其实就没有什么权力，反而下属对领导拥有权力，因为领导的升职加薪有赖于下属的表现。

我们通常认为，权力在社会生活里是由个体所扮演的角色、他所拥有的地位及其掌握的社会资源决定的，但事实并非如此。隔壁公司的领导虽然拥有很多的权力，但是他的权力对你无效，因为你并不依赖他什么。

对于权力，我们存在一种误解，或者说我们理解的角度出了问题，我们不应该从自身的角度来审视权力，而应该从对方的视角来看。从本质上说，权力是别人对你的依赖程度。当别人依赖你时，你就拥有权力。比如你占了洗手间唯一一个位置，而另外一个人则急着上厕所，这个时候你对他来说就拥有权力，你有权力慢一点儿或者快一点儿。

同样，一个在公司大权在握的企业总裁，未必能在与自己的孩子共进晚餐时掌握主导权。人们会摆脱无法忍受的婚姻，孩子长大后会摆脱对父母的依赖，不断压榨员工的老板，最终可能会被员工炒掉。权力的本质，是他人对你的依赖程度，而不在于你身处什么地位、扮演何种角色，或者拥有多么丰富的社会资源。

从古至今，几乎所有人都崇尚权力，权力带来的控制感，会让一个人获得巨大的满足感和虚荣心。罗素认为，一切社会活动，包括战争在内，主要的根源都是对权力的渴望。

为什么我们渴望更高的地位、更多的财富、更大的影响力？这是因为在我们内心深处，把这些跟权力画上了等号，或者至少认为两者是成正比的。但这种权力很多时候是用武力或者其他外力保障的，一旦失去这样的保障，权力结构就会土崩瓦解。

就今天而言，从双方关系出发去构建新的权力结构更可靠，也更实际，毕竟不是所有事情都能靠战争和武力来解决。以武力构建起来的权力结构正在衰落，因为当武力相差并不大的时候，武力就不能为权力提供保障了。

权力在本质上是一种信条，也是一种依赖关系。其实这两种权力的本质是在不同时期、不同层面发挥作用的。权力有时候是一种信条，是由话语权创造的；而在现实生活中，权力更多时候是一种相互依赖的关系，取决于他人对你的依赖程度。

## 权力的悖论

一个人越是费尽心思想要获得权力，实际上就会离权力越远。这就是权力的悖论，《权力的悖论》这本书讲的就是这种悖论。这种悖论在当今社会尤其普遍：你越渴望权力，越享受权力，你就越容易失去权力。这是怎么回事呢？

前面我们讲了，我们看待权力有两个视角：一个是主体视角，在这种视角下，权力实际上是一种欲望，是一种想要控制他人及某件事情结果的欲望。而另一个是客体视角，在这种视角看来，权力以主体和客体的关系为基础，具体表现为客体对主体的依赖程度，依赖程度越高，主体所拥有的权力就越大。这两种视角的差别，会产生两种典型的关于权力的错觉。

第一种错觉是，你觉得自己拥有权力，但实际上并非如此，因为别人对你没什么依赖。曾有社会新闻报道，说某某高官或其子女在外嚣张跋扈，声称我是某某高官，或者我是某某某的儿子，等等。他们觉得自己拥有超出常人的社会地位，就拥有了为所欲为的权力，但实际上这只是痴心妄想。因为他们所拥有的地位和角色，并不能对他人施加任何影响，他们之间也就不存在相互依赖的关系，所以权力结构就不存在。

第二种错觉是，你觉得自己没有权力，但实际上你拥有权力，

第五堂 权力观 193

只是你不知道,因为别人对你产生了依赖关系。我举个不那么恰当的例子。在职场里,经常有这样的人,他们能力不强,却是拍马屁的好手,整天围着领导转,对领导的各种需求爱好一清二楚,哄得领导很开心。领导好像对他有绝对的权力,但实际上这样的下属也拥有很大的权力,因为一旦领导沉迷于这种被恭维和追捧的感觉,久而久之就会对这种感觉产生依赖。所以,尽管这个善于拍马屁的下属看似没什么能力,但他实际上却拥有足以影响领导的权力。

其实在人与人的交往过程中,这样的情况很普遍。某个人看起来拥有权力,但实际上他所拥有的权力结构是反向构建的。比如一个在公司里勤勤恳恳做事的人看起来没什么权力,但等到公司的产品和业务对他高度依赖的时候,他就拥有了对公司的权力。

从上面的例子中可以看出,权力是一种影响力,你能对他人施加影响,产生影响力,你就对他人拥有权力。通常来说,权力就像是一种强制的能力,跟社会角色、地位和名誉甚至财富都是对应的。但在现实生活中,权力仅存在于关系的博弈中,如果揭开权力的面纱,我们就会发现,它在更多时候只是一种影响力。

当今社会鲜少绝对的强权,社会更开放,选择更多,形成绝对权力的机会也就更少。以职业选择为例,公司对员工并没有多少权力,因为优秀的员工有多种选择,员工与公司之间没有太强的依赖关系。

权力和影响力的关系，有点儿类似我国古代两种国家治理方式：霸道和王道。《孟子·公孙丑》就区分了这两种治理方式，所谓"以力假仁者霸"，而"以德行仁者王"，靠武力可以称霸，靠仁德可以称王。孟子在这里揭示了权力的不同形成方式：一种凭借的是强制的武力，一种靠的是柔性的影响力。用武力让老百姓顺服，这是霸道；君王以身作则，以仁义治国，推己及人，通过这种影响力让老百姓臣服，这是王道。

哪一种更好呢？从我国古代的历史来看，当然是通过王道构建的权力结构更持久，更有生命力。通过法家思想获得大一统的秦朝仅仅存续了15年就亡国了，由此看来，通过武力获得的权力并不持久。你可能会说，历史具有一定的偶然性，也不能重演，所以不太具有说服力，那我们接下来从另一个角度来分析，为什么以武力构建的权力结构并不稳固，经常陷入"权力的悖论"。

权力的悖论意味着，你获得权力的时候，就是行将失去权力的时候。权力是一种欲望，人在追逐这种欲望的时候常常失去理智，进而导致权力的结构走向坍塌。这是因为权力很容易让我们丧失同情心和道德感，而这两样东西对影响力至关重要。

我们来看一个心理学实验。社会心理学家请来一群收入水平不同的人，让他们在电脑上玩掷骰子的游戏。每个人投5次，然后把自己5次投的点数之和告诉研究人员。如果点数之和比12点多，就可以获得50美元；如果点数之和小于或等于12点，就什么也得不到。

但实际上，骰子从一开始就被动了手脚，5次的点数之和怎么都不会超过12点，也就是说，无论你怎么投都拿不到50美元。那有没有人为了获得50美元选择撒谎呢？哪些人更可能撒谎呢？结果跟我们预想的不太一样。

研究表明，越富有的人越容易撒谎。按理说，50美元应该对穷人更有吸引力，对富人则不然，但事实并非如此。为什么富人更容易撒谎呢？要知道撒谎是一种不道德的行为。研究者指出，在其中起到很大作用的是权力感。权力感会让一个人的道德感减弱，所以更富有的人倾向于认为，为了拿到50美元撒个谎没什么关系。这就像一些拥有权力的人更容易闯红灯、更容易居高临下呵斥别人、更容易在公共场合为所欲为一样。

事实上，权力感也会削弱一个人的同理心，也就是他对其他人感同身受或者换位思考的能力。在一个心理学实验中，研究者让受试者看一组人只露出眼睛的照片，通过眼睛猜测对应者的表情。受试者被分成了两组，一组先要求他们回想自己曾经拥有权力的经历，另一组人则先让他们回忆自己曾被权力影响的经历。而结果表明：仅仅是回味自己拥有权力的感觉，就让当事者失去了一些同理心，以至于他们猜测照片表情的准确率更低。

权力是一种欲望，它会让我们失去部分理智，尤其是它会削弱我们的道德感和同理心。而这两种优秀的品质,尤其是同理心,对扩大一个人的影响力而言至关重要。这其实也能在一定程度上解释,为什么实现大一统的秦国会因为一系列的暴政失去民众的支持,迎来亡国的厄运。仅仅通过暴力和武力构建的权力结构很容易让人失去理智,失去道德感和同理心,做出违背常理的事情,从而走向另一个极端,并很快失去权力,这就是"权力的悖论"。

你越是追求权力,越是想抓住权力,越是享受权力带来的某种虚幻的、至高无上的感觉,实际上也就离失去权力越近。因为从本质上说,权力是他人对你的依赖,是你对他人的影响力。而你在追逐权力的过程中,这些都面临着失去的风险。

那如何扩大你对他人的影响力,巩固他人对你的依赖呢?美国社会心理学家达契尔·克特纳在《权力的悖论》一书里给出了五条建议:

第一,正确认识权力;

第二,保持谦逊,不要被权力和欲望冲昏头脑,让你失去宝贵的同理心和道德感;

第三,关注他人的需求,慷慨付出;

第四,尊重他人;

第五,改变每个人的无权心理,帮助他人。

我们应当清醒地意识到,今天的权力大多数时候并不是以武力或者某种强制力量为根基的,而是建立在相互尊重、互惠互利的关系之上。如果一个人自私自利，只想着自己获利却不考虑别人，也不考虑自己的行事后果，那他很快就会遭到他人的排斥，从而失去权力。

第六堂

# 财富与成功

## 财富就像海水，越喝越渴

每个人都渴望财富，财富自由是很多人的人生目标，但你有没有想过，财富的本质是什么呢？爱尔兰著名经济学理论先驱理查德·坎蒂隆指出：财富在本质上是一种能满足人欲求的东西。

欲求包括欲望和需求，两者并不完全一样，之前我们已经有过介绍，所以，在这里我们用欲求来代表欲望和需求。财富在本质上是一种能满足人欲求的东西。坎蒂隆是一位比"经济学之父"亚当·斯密更早的经济学家，也是一位富可敌国的商人。他写过一本奇书，名为《商业性质概念》，这本书被誉为现代经济学理论的先声。坎蒂隆在书中比亚当·斯密更早地提出了土地和劳动创造财富等观点，他的很多理论一直沿用至今。

财富在本质上是一种能满足人欲求的东西，这个其实很好理解。今天的商业环境如此发达，我们只要拥有财富，几乎就可以做任何事情，小到衣食住行的满足，大到人生梦想的实现。前段时间，亚马逊前CEO杰夫·贝索斯和英国维珍公司的创始人理查德·布兰森等巨富们甚至花费几千万美元，先后完成了太空旅行。

说到财富，我们第一时间就会想到金钱。的确，财富对人欲求的满足是通过市场来实现的，而实现财富和欲求交互的中间媒介就是货币，或者说金钱。所以，我们很容易就会把财富和金钱画上等号。但如果我们真的这么做，就极大地缩小了财富的范畴。更准确一点说，金钱只是被量化了的财富。在一个自由的市场中，我们可以花钱购买商品和服务，进而满足我们的欲求，但从满足我们欲求的角度来看，财富的范围则要大很多。

前面我们介绍过，人的欲望有四个层次：首先是生存欲望，其次是群体依恋欲望，再次是自我实现欲望，最后则是精神欲望。

通过财富可以保证我们吃饱穿暖，这满足了我们的生存欲望。生存欲望相对基础，满足的方式比较单一，所以大部分生存欲望的满足都需要借助金钱或者劳动，但是其他几种欲望就不一定了。良好的人际关系与舒适的家庭环境可以满足我们群体依恋的欲望，但这些都不能直接通过金钱来获得。他人的尊重和认可、良好的声望可以满足我们自我实现的欲望，但这些也并不一定能通过金钱获得。对精神富足与高尚人格的追求，更无法通过金钱来实现。所以，从满足自我的欲求来看，金钱的能力其实是非常有限的。

健康的身体、良好的人际关系、舒适的家庭氛围、内在的自我修养等都是我们的财富，而金钱只是财富中可以量化的一部分而已。

我们应该如何看待财富？

我国古代道家杨朱学派的创始人杨朱说：让我们的人生不得安宁，让我们不能好好生活和休息的，主要有四个原因：一是想活得更久；二是想获得好名声；三是想获得尊崇的地位；四是为了求得更多的财富。

为了实现这四个愿望，人们害怕鬼神的造访、人的迫害、权势的逼迫，以及刑罚的降临。杨朱说，这样的人违背了自然的本性，活着还不如死了更好。即使活着，他的生命也是身不由己、受制于外物的。

杨朱所谓的"可杀可活，制命在外"，庄子所说的"凡外重者内拙"，大概都是一个意思，即如果一个人的生命被外物牵制，那么他就常常活得身不由己。而这都是因为他们不明白追求幸福快乐自在的生活才是人生的根本目的，而钱财、名誉、地位都只是手段。

财富只是一种手段，那我们为什么要拼命追求财富呢？

前面我们说过，财富的本质在其能满足我们的欲求，这也是财富的价值。换句话说，财富之所以有价值，是因为它能满足我们的欲求。所以，我们追求和渴望财富，本质上是在追求一种欲望。财富只是欲望的一种表象，就像叔本华所说："财富就像海水，饮得越多，渴得越厉害。"因为人的欲望是永无止境的，一时的满足只能带来短暂的愉悦，所以无尽的欲望最终只会给我们带来长久的痛苦。

财富的作用并不是客观的，而是主观的，因为满足欲望这件事本身是主观的。你觉得大吃大喝能满足自己的欲望，但是有的人并不这么认为；你觉得位高权重能满足自己的欲望，但有的人却淡泊名利。欲望的满足是主观的，有人群体依恋的欲望更强烈，有人则更渴望自我实现。

所以，财富对每个人而言权重是不一样的，这是由每个人主观欲望的多寡和侧重点决定的。叔本华说，一个人渴望拥有多少财富才是合理的并没有标准答案，到底多少财富才能满足人的欲望也是相对而言的，只要他所求和所得之间达到一定的比例就可以。对于不需要的东西，即使得不到也不必遗憾，因为没有它们，快乐依然会存在。同样，如果渴望一样东西却不得，即使用千百倍的财富来补偿，也很难消除求不得的遗憾和苦恼。

如果把获取财富作为满足欲望的唯一方式，财富就会成为你走上幸福快乐之路的束缚和枷锁。因为幸福和快乐是人最根本、最普遍的追求，没有人不是这样。

叔本华认为，最强烈、最丰富和最持久的快乐始终是一种精神或者灵魂上的愉悦。个体内在精神力量的强弱决定了我们能在多大程度上感受和体会这种乐趣，所以人的幸福在很大程度上取决于我们自己，或者说自我的感知，叔本华称之为"自我的个性"。

根据叔本华的观点，人与人之间命运的差异取决于三个方面：你的个性、你拥有的财富，以及别人如何看待你，或者说你的名誉和地位。但是后面两个方面显然是由外在决定的，只有第一个"你的个性"，或者"自我意识"，才是你真正拥有的。"自我的个性"

又包括高尚的品格、聪明的大脑、开朗的性情、愉悦的精神和健康的身体，只有这些东西才真正决定了一个人感知世界的能力。

而真正把人与动物区别开来的，不是理性，正是感知能力。它决定了一个人能否拥有幸福。

一个人内心的满足或者痛苦，是由他的情感、欲望和理性思维共同作用的结果，外在的环境只能间接影响你的幸福。换句话说，外在的财富、名誉、地位，等等，都只是你获得幸福的一种手段，而不是最终的目的。

我们常常认为有了很多钱之后，我们就会幸福。但实际上，我们只是把"手段"当成了"目的"。让我们真正幸福的，可能是有钱之后的炫耀，以及由此带来的虚荣心的满足，而有钱或者获得崇高的名誉和地位，都只是我们实现某些内心追求的手段而已。一个人对世界的认识来源于他的个体感受，每个人眼里的世界都是千差万别的。但真正的幸福在于你内心如何定义幸福，这取决于你的自我意识，或者说你如何感知这个世界。

斯多葛学派哲学家爱比克泰德说：困扰我们的不是事情本身，而是我们对事情的看法。

如果我们把事情换成财富或者金钱也是一样。在满足基本的生存需求之后，财富并不能大幅提升我们的幸福指数。列子认为：真正幸福的人，只是顺应了天命的人，不奢求长寿，不贪恋权势，不追求财富，这才是真正顺应天命的人，因为他们的生活完全由自己支配，他们是生命的最强者，掌握了人生的主动权。

## "幸运的傻子"

《黑天鹅：如何应对不可预知的未来》的作者纳西姆·尼古拉斯·塔勒布曾说："幸运的傻子运气好得出奇，却煞有介事地把自己的成功归诸其他特定原因。"

我们很容易把一个人的成功和他持续的努力与坚韧的品质联系起来，却常常忽视随机性对他成功的影响。在《成功与运气》一书里，作者罗伯特·弗兰克谈到了成功和运气的关系。他说，人生早期一些关键节点上的差异会产生蝴蝶效应，最终导致悬殊的结果。

据统计，加拿大的职业冰球运动员有40%出生在1月至3月，只有10%出生在10月至12月。这是因为他们小时候参加少年冰球队选拔的时候，出生早的孩子更有身体优势。而正是因为这一点先天优势，造成后来大部分加拿大职业冰球运动员都是在1月、2月、3月出生的。其实这样的例子并非个案，在很多领域都是如此。

一项调查表明，在1955年前后出生的美国年轻人是非常幸运的，因为他们刚好赶上了美国20世纪80年代计算机技术革命的浪潮，其中一大批人更是从此功成名就，例如比尔·盖茨和乔布斯，就都出生在1955年。

同样，如今我国国内的头部互联网公司很多都成立于2000年前后，那是一个互联网刚刚开始爆炸性发展的年代。这就是所谓的"时势造英雄"，时机非常重要，但时机并不是个人可以选择和左右的，这是世界随机性的一部分。

实际上，我们远远低估了随机性对一个人的影响，我们可以对此做一个相对理性的分析。

首先，从时间维度上看，目前地球人口已经超过了77亿，而就整部人类历史而言，你成为这77亿之一的概率其实不到10%，因为地球上曾经存在过1000多亿人，你有90%以上的概率出生在其他时代，当然包括远古时代。

其次，从空间维度上看，你完全有可能出生在贫苦的非洲、印度乃至战乱不断的中东，你生活在中国这个的地方的概率也很小。

最后，从遗传维度上看，你的性格、品行、能力、天赋等等，在很大程度上都是由基因决定的。当然社会环境、家庭背景、民族文化等因素也会对你产生潜移默化的影响，而所有这些因素，你几乎完全不能控制，但这些因素对你的成功却起着决定性的作用。所以，从大的概率上来说，一个人的成功主要取决于随机性。

我们对成功有误解。

第六堂 财富与成功

成功在很大程度上是由随机性导致的一个结果，但很多人却从结果中总结出了获得成功的原因。纳西姆·尼古拉斯·塔勒布举例说：有一天，原始部落的某个人抓了鼻子之后不久，天空就开始下雨，于是他煞费苦心地发明出了一套抓鼻子祈雨的方法。

同样在今天，美国人会把经济的繁荣归功于美联储降息、大量印钞等举措。很多人也把公司的成功归功于新总裁的走马上任，把个人的成功归功于自己勤奋、自律和天赋异禀。就连书店架上也摆满了成功人物的传记，教人如何功成名就。

我们非常擅长从成功中找所谓的"规律"，但实际上，我们低估了这个世界的随机性或者运气的作用。

其实，我们不仅对成功有误解，还对失败有很多的误解。其中比较典型的是，我们往往把自己的成功归功于能力强，把自己的失败归结于运气差；相反，我们还把别人的成功归功于运气好，把别人的失败归结于能力差。

我们不仅对成功和失败有偏见，还会用自己的偏见指导自己下一步行动。

在《能力陷阱》一书里，作者埃米尼亚·伊贝拉讲了一个故事。一家公司的CEO将业绩不好归咎于负责市场的高管能力不行，所以他果断开除了这个高管。但后来公司业绩持续下滑，他开除高管的决策遭到很多人质疑，甚至他自己也非常后悔当初的决定，觉得自己错了。从那以后，他再也不敢轻易开除高管，不过公司的业绩并没有起色。

其实后来经过分析发现,他开除高管的决策是正确的,但是因为他的决策未能带来明显的改观,他否认了自己的决定。"成功的决策"和"好的结果"其实并不总是"必然"的关系,我们要分开看决策过程和决策带来的结果。因为中间有一个非常重要的影响因素被我们忽视了,那就是"运气"或者说"随机性"。

一个好的决策可能因为运气不好而产生坏的结果,但这并不意味着你的决策是错误的;相反,一个不好的决策可能因为运气好产生好的结果,但这也不意味着你的决策就是正确的,我们永远需要区分看待决策方法和决策结果。

在人生问题上也是一样,理性的选择并不一定产生好的结果,而凭感觉做出的选择也不一定导致坏的结果。所以,不能简单地根据成功或者失败的结果来判断一个人决策能力的好坏,或者说一个决策本身的好坏。

## 如果成功有原则

一个人要获得巨大的成功,离不开随机性或者运气的加持,但是在微观层面,一个人要获得相对的成功,很多时候就只能靠持续的努力和明智的选择了,这就是我们常说的"小胜靠智,大胜靠德"。大的趋势很难把握,但还是有一些基本的原则是可以习得的,这里分享八条我做事的原则。

第一,避免大的失败。孤注一掷看起来的确是某种英雄般的壮举,但这种放手一搏的行为背后其实是一种赌徒心态在作祟,对于大多数人来说并不是好的选择。世界充满了随机性,相较于追求成功,避免失败显然更具可行性,成功很多时候是可遇而不可求的,而失败带来的损失和痛苦则常常是致命的。

成功和失败的影响并不是对称的。我们这里说的失败,是那种能一次性输掉你绝大部分底牌的失败,或者说一旦发生就再也无法翻身的失败,这种人生中的黑天鹅事件,是需要尽量避免的。比尔·盖茨与扎克伯格都是在确定自己的产品成熟之后,才开始全职创业的。那种孤注一掷的成功案例只是少数,只是一种幸存者偏差,所以,避免大的失败在我看来是第一原则。

第二,多容忍小的失败。这似乎和第一条看起来有点矛盾,其实不然。每个人都会经历各种小的失败和挫折,而小孩子都是在经历一次次小的摔跤之后才逐渐学会走路的,走路从来没有摔过跤的小孩,甚至可能都不知道悬崖的危险。

一个好的习惯是把风险控制在一定范围之内。在互联网领域,"持续迭代,小步快跑"的做法其实也是基于类似的策略。不断试错,用小的风险和失败验证自己的想法,反而能避免有朝一日突然掉进一个大坑。

第三，不要去碰运气，靠运气赚来的钱，也会凭实力亏掉。诺贝尔经济学奖得主丹尼尔·卡尼曼在《思考，快与慢》一书中讲了很多思维偏见，他的"前景理论"让我深受启发。这个理论简单来说就是，当我们面临损失时却会偏爱冒险；当我们面对收获时却会更趋保守。赌场不用任何作弊手段就可以赚钱，其实只是利用了人性的弱点。

以赌场为例，即便是玩家输赢的概率各占50%，但只要每100个玩家中50个人输掉的钱多于另外50个人赢得的钱，赌场自然就有盈利。原因很简单，输的人会不断加注，反而会输更多，而赢家会越来越保守，不敢下注，最终也不会赢很多。人生也是这样，如果你在做一件事情时抱着碰碰运气的想法，你越失败就越爱冒险，甚至会陷入恶性循环。

第四，重视复利增长。在《知识的错觉》一书中，作者举了一个例子，假如你每个月向一个年利率10%的银行账户里存入400元，经过40年后，你觉得你的账户中会有多少钱？绝大部分人认为这一数字应该在22万元左右，但实际上正确答案是250万元。

这就是复利的优势，点滴积累的力量。成长和学习也是一样，做那些可以产生复利价值的事情，虽然不能立竿见影，但总有一天会给你巨大的回报。不过复利增长有一个前提，那就是你所做的事情是有长期价值的，之前的积累可以成为后来增长的基础，按照系统思维,这就相当于构建了一个"增强回路"。社交网络为什么厉害,一个很重要的原因就是每增加一个用户,就会为该网络的其他用户增加价值,甚至为整个社交网络增加价值,所以在社交网络中,很容易产生复利优势,形成赢家通吃的局面。

第五,拥抱变化,但不是所有的东西都需要变化。我们经常听到别人说,我们要拥抱变化,的确,今天的世界瞬息万变,唯一不变的就是变化本身。但变化往往是以稳定为基础的,在《知识与权力》这本书中,美国经济学家乔治·F.吉尔特从信息论的角度指出,我们都知道信息的传输需要信源和传输媒介,但要让信息传输更远更快,有一个稳定的传输媒介往往非常重要。

所以,从经济学上来讲就是,稳定的政策和社会环境会推动国民经济的高速发展;同样,和睦温馨的家庭环境对一个家庭的幸福和每一个家庭成员的事业发展至关重要,这就是我们常说的"家和万事兴"。稳定的社交关系、健康的身体、温馨的家庭都是你成功的基石,这些不能变。

第六,做那些见效慢,但具有长期价值的事情。当今社会往往要求我们提高效率,但并不是所有事情都需要效率,甚至可以说放弃效率而去做一些具有长期价值的事情,往往更重要,更容易帮助我们形成核心竞争力。比如你很难通过一两次跑步获得健康,但正是因为这样,健康才如此重要。你不能轻而易举地读完一本书,所以知识渊博的人只是凤毛麟角。效率快往往意味着竞争力差，可替代性强；而效率慢反而容易形成长期的竞争力，可替代性弱。

第七，如果真的要去冒险，可以做收益和时间不成正比的事情。纳西姆·尼古拉斯·塔勒布在《反脆弱》一书中说过，要拥抱正面的"黑天鹅"，把一部分时间和精力投入到那些收益和时间不成正比的事情上去。

但与此同时，我们也要控制风险的范围。纳西姆·尼古拉斯·塔勒布提到一个投资理念，即用10%的资金去投资高风险项目，即便输了也没关系。而用90%的资金去投资低风险项目，稳扎稳打。投资是这样，人生也是如此。用10%的时间去做一些收益和投入不成正比的事情，敢于和风险博弈，比如专心做一个自媒体品牌、写一本小说等，往往会带来惊喜。

第八，争取成为某个细分领域的5%。《从0到1》一书认为，创业者要想获得成功，就要做到比竞争对手好10倍以上，如此才有机会打造竞争壁垒，而谷歌搜索、亚马逊图书销售的成功，其实都遵循了类似的逻辑。

如果你想超过50%的一般人，那么就要成为头部5%的人，但怎样做才有更大的机会成为这5%呢？选择更垂直细分的领域非常重要，我做自媒体选择了哲学这个冷门领域也是如此，当然，我自己也非常喜欢哲学。这个思维很重要，打造差异化竞争才更有机会胜出，最好在这个领域超出对手的10倍。比如，你想想自己是不是花了超过正常人10倍的时间来读书,中国人每年人均读书不到8本,这还是算上了各种类型的书籍,如果你一年读书超过80本,那么你就超过正常人的10倍了。

第七堂

# 人生观

- 观念
- 幸福
- 自由
- 道德
- 生死
- 权力
- 财富
- 人生

## 做一个积极的悲观主义者

亚里士多德说:"平庸的人活着是为了吃饭,而我吃饭是为了活着。"

每个人都有不同的人生观,有的积极、乐观,有的消极、悲观,但有一种人生观是很多东西方哲学家都推崇的,那就是做一个积极的悲观主义者。古希腊的斯多葛学派、叔本华的唯意志论哲学、加缪的荒诞哲学、尼采的超人哲学,都支持这种人生观。

加缪认为人生是荒诞的,荒诞是希望、确定性以及秩序感的反面,但这种荒诞和无希望不过是人生的底色。西西弗斯每天都必须推石头上山,然后眼看着石头滑落山底,之后再次推石头上山,不断重复看似毫无意义的劳作,诸神认为这是对他最残酷的惩罚。其实如果仔细想想,我们大部分人的一生不正是如此吗?每天吃饭、工作、睡觉,周而复始,循环往复。但这样的人生就没有意义了吗?

显然不是。荒诞是人生的底色,人终有一死,不过虽然结局早已注定,但是我们仍然可以选择过一种有意义的生活。西西弗斯在看似毫无价值的人生中,创造了属于自己的人生意义。

前面我们讲过,价值和意义是完全不同的,价值是外在的,而意义是内在的,所以,我们完全可以定义自己的人生意义。就像加缪所说,西西弗斯攀登山顶的拼搏本身足以充实一颗人心,我们应当想象西西弗斯是幸福的。

荒诞是人生的底色,但底色只是一个起点,虽然这种荒诞哲学看起来是悲观的,但在悲观的地方往往蕴藏着希望,这正是积极的悲观主义所奉行的价值观。我们常说"置之死地而后生",海德格尔也说"向死而生"。悲观主义者看到了人生可悲的一面,但也因此设定了人生的起点,找到了人生的出发点,进而打开了人生的无限可能,此后,他们走的每一步都有收获,这也正是悲观主义者积极的一面。

叔本华也是一位悲观主义哲学家,他的唯意志论哲学从根本上否定了人获得长久幸福的可能性。叔本华的哲学是悲观的,但他真实的人生也许并没有那么痛苦,甚至可以说是幸福的。叔本华晚年的作品字里行间都闪耀着人生的智慧,他的《人生的智慧》一书曾带给无数人力量。就像一句曾被很多人引用过的罗曼·罗兰的话:"世界上只有一种真正的英雄主义,就是在认清生活的真相后,依然热爱生活。"也许叔本华就很好地做到了这一点。

做一个积极的悲观主义者,接受现实的荒诞和不确定性,也接受生命意义的开放性和可能性。接受我们无法改变的,改变我们可以改变的,这或许才是一种理性的人生态度。而这种态度在中国古代被称为"知命而不认命"。

孔子曾说"三十而立,四十而不惑,五十而知天命",很多人把"知天命"理解为"认命",理解为一种直接"躺平"的态度,好像孔子在说,反正对抗不过命运,那为什么还要努力呢?于是他们就心安理得地躺平了,但真的是这样吗?

《列子·力命篇》讲了一个关于孔子的故事。有一天,孔子一个人坐在屋里,弟子们觉得他太孤单了,便进去陪他,结果发现孔子满脸愁容,好像有什么烦心事。弟子们赶紧退出来,把这个情况告诉了孔子的另一个弟子颜回。颜回听了之后,拿出琴,一边弹琴,一边唱歌。孔子听到琴声之后把颜回叫进屋里,问有什么事值得如此高兴。

颜回说,老师曾经教导我们要"乐天知命",这样就不会有烦恼了,这就是我们快乐的源泉。孔子听了之后,勃然大怒说,你们误解我的话了,这是只知其一,不知其二。你们以为只要接受上天的安排,就可以安于现状,不思进取,没有烦恼了(这跟我们今天很多人所奉行的佛系和躺平文化有点儿类似)。但是你们不知道"乐天知命"的人也有忧愁的一面,你们并没有把握"乐天知命"的本质。

孔子说,之前我编纂《诗》《书》,修订《礼》《乐》,本来是准备用它来治国,以求流芳百世的。我求的并不只是个人修身养性,或者治理一个鲁国而已。鲁国的君臣并不能严格遵守等级秩序,仁义的作用在慢慢衰退,人与人之间的感情也越来越淡薄。我提出的主张在我活着的时候尚且不能在哪一个国家实行,更别提在我死后能福泽于天下了。所以,我现在明白了《诗》《书》《礼》《乐》对于治理乱世并没有什么作用,但是我又不知道应该怎么改变,所以在知天命的同时,我也有忧愁。

孔子继续说,但是到现在,我已经知道如何改变了。现在我所理解的"乐天知命",并不像古人所说的"乐与知",古人的"乐天知命"其实是一种无知,是一种盲目无知的快乐。而真正的"乐天知命"是建立在不盲目快乐和无知的基础上的,是对无知的一种"知"。这种"乐天知命"不仅以"知"为基础,还建立在"行"的基础上。

在这里,孔子区分了"无知之乐"和"知天命之乐"。苏格拉底曾说:"我唯一知道的就是我一无所知。"完全不实践就选择放弃与躺平,是一种"无知之乐",这不是真正的知天命。而能意识到自己的无知,或者在尝试之后才知道自己对一件事的无能为力,这是一种对无知的"知",只有这样才是真正的"乐天知命"。

"知天命"并不是一种认命的消极思想,而是一种建立在"知"和"行"基础上的智慧。孔子55岁时还带领一众弟子花了14年时间周游列国,传播他的思想和治国理念,回到鲁国时已经68岁高龄。孔子周游列国,行程数千公里,历经艰难险阻,四处碰壁,但他依然坚定信念,毫不动摇。在陈国被人围困,在卫国遭人嫌弃,在宋国被人陷害,在郑国与弟子失散,多次险些饿死荒野,但孔子始终没有放弃自己的理想。如果孔子所谓的"五十而知天命"就是对命运的低头,那么他绝不可能在55岁时还拼命去追求实现人生理想的可能性。"知天命"绝不是消极地面对生活,而是一种"知""行"结合的积极的人生观。

这种"乐天知命"的精神也体现在孔子对学习的态度上。《论语·雍也篇》说:"知之者不如好之者,好之者不如乐之者。"孔子认为,了解怎么学习的人,不如喜爱学习的人;喜爱学习的人,又不如以学习为乐的人。由此衍生出了关于求学的三种境界:知之,好之,乐之。知道如何学习,叫"知之";能主动学习,叫"好之";以学习为乐,不知疲倦地学习,可以称之为"乐之"。

其实在人生问题上也是一样。我们常说"懂得了很多道理,却依然过不好这一生",这是因为我们常常停留在第一阶段,知道如何学习,但不去学习和实践,这是没用的,还没有跨越"知之"和"好之"的阶段。而只有在"知之"和"好之"的基础上,我们才能真正做到"乐之",这就像只有真正了解"天命",才有资格谈论"乐天知命"的道理一样。

从这个角度,我们也可以说:知天命者,不如好天命者;好天命者,不如乐天命者。

## "无为"才是最好的选择

道家思想推崇自然无为,但无为并不是什么都不做,而是不妄为。老子在《道德经》中说"无为而无不为",又说"是以圣人无为故无败,无执故无失","道常无为而无不为,侯王若能守之,万物将自化",说的都是这种无为的妙用。

无为怎么能无不为呢?我们先从一个故事讲起。

《列子·黄帝篇》说,春秋时期晋国范家有一个儿子名叫子华,他有很多门客。古代的门客也就是智谋之士,类似于今天的顾问。得益于这些门客,子华在全国范围内有很大的影响力,还深得晋国国君宠信,在晋国的地位甚至超过了三卿,也就是后来瓜分晋国的韩氏、赵氏、魏氏。子华的门客都是世家大族的后裔,每天穿着白色绢丝制成的衣服、坐着华丽的马车出行,走路不紧不慢,十分高傲,有点儿"谈笑有鸿儒,往来无白丁"的意味。

有一天,子华家的两位门客到一个名为商丘开的农户家借宿,贫困的商丘开偶然听到了这两位门客的谈话,得知只要投入子华门下,穷人能变得富有,死人也能复生,于是商丘开借了粮食,挑着行李,来到子华的府上投奔。一开始子华的门客看商丘开年纪大,体力弱,脸色发黑,衣衫不整,非常瞧不起他。他们经常戏弄、侮辱甚至打骂商丘开,但是商丘开听之任之,一点儿都不生气。

后来，这些人把商丘开约到一个高台上，随口说了一句，如果谁愿意从这个高台上跳下去，就给他百金的赏赐。旁边的人假装附和，商丘开却信以为真，毫不犹豫地从高台上跳下去了。然而商丘开像鸟儿一样轻飘飘地落到地上，毫发无损，这些人没有捉弄到商丘开，略显失望，也有点儿吃惊，不过大家都以为他只是运气好罢了。

又过了一些日子，这些人又拉着商丘开来到一处深水旁，说道，水下有珠宝，潜下去就可以找到。结果商丘开毫不犹豫又跳了下去，还从水里带回了珠宝，围观者瞠目结舌。子华听说了，就把商丘开纳为了自己的门客。

不久之后，子华府上的仓库着火了。里面的金银珠宝和绫罗绸缎眼看就要烧毁，子华说道，谁能从火中抢救出这些财物，就可以得到相应的奖赏，但没有人敢冒险进去。最后，只有商丘开毫不犹豫地钻进了火海，还往返了好几次，才把子华的财物都搬了出来，然而他的脸上甚至都没有沾染烟尘，身体也没有烧伤。众人再次被惊呆了，大家都认为商丘开肯定修炼了什么道术，于是开始向商丘开道歉，并向他求教道术。

但商丘开也很惊讶，他表示，我其实并不知道什么道术，也不知道发生这些事情的原因。他说，府上的两位门客在我家里借宿的时候，我只是偶然听到他们说，只要投入子华门下，可以让活的人死去，让死去的人活过来，让富有的人变穷，让穷人变富有。我信以为真，于是千里迢迢来到了这里。到这里之后，我以为你们所说的话都是真的，唯恐自己相信得不够，行动不够及时，所以心意很专一，没有顾及自己的身体，也没有考虑利害关系。可能正是因为这样，外物就不能给我造成损害，仅此而已。如果我知道你们是骗我的，那我可能就不敢去做了。

此后，范府的门客们在路上遇到乞丐或马医之类的穷人，就再也不敢随意侮辱了，他们反倒会从车上下来，向他们拱手作揖。

其实列子这个故事讲的，就是道家所推崇的"无为而无不为"。正是因为商丘开心中没有畏惧，没有任何预设的目的和前提，所以才能做到专气致柔，心意专一，从而发挥出自己最大的潜能，把事情做好。就像商丘开所说："如果我知道你们是骗我的，那我可能就不敢去做了。"一旦我们的心气被外物所干扰，那么就难以达到庄子说的"形全精复，与天为一"的状态了。

虽然这只是一个故事，但我们从中可以领悟道家推崇的自然之道，这种无为的心法也可以应用到我们的生活之中。这里的"无为"，我们也可以理解为一种不为了某个主观目的而做事，而更专注于事情本身的境界。

现在我从日常生活中每个人都会频繁经历的一件事来聊一聊，那就是选择。

我们每天都要做各种选择，人生其实就是由大大小小的选择构成的，但是我们经常陷入一个误区，那就是我们往往想要主导自己的选择。之前有个朋友问我:"我是应该选择离职创业,还是继续打工?"可能很多人在生活、工作中经常面临这样两难的选择。我问朋友,为什么非得是你来选择?为什么非得是现在做选择?

偏爱自己做选择其实是人的一种本能,因为选择是一种权力的体现,而权力又是人的欲求所在。选择给我们带来了某种权力感、掌控感和满足感,就好像我们可以对自己的人生发号施令一样,我们会从中收获一种自己才是人生主导者的感觉。

这种感觉就像一本名为《象与骑象人》的书中所说,我们误以为自己才是"人生"这头大象的驾驭者,我们希望"人生"的所有选择都是自己说了算。但实际上,你的任何一个选择都是主观的行为,你并不一定是最合适做出选择的人,而且你的选择很多时候也不是最理智的。那我们应该怎么选择呢?

举例而言,假如你是一个学渣,但你需要和一个学霸一起做一道选择题,这道选择题非常难。你冥思苦想之后,一拍脑袋说,我觉得应该选择A。而旁边的学霸思考了片刻,非常自信而肯定地说,当然应该选B。

这个时候,你应该坚持你的选择,还是相信学霸的选择?当然应该相信学霸,毕竟别人是学霸,在学习这件事情上,他肯定比你强。其实我们在生活中经常面临这样的情况,而这个时候最好的办法就是让专业的人替我们做选择。你习惯了把钱交给投资经理，让他帮你做选择；把病状告诉医生，让他帮你做判断；把技术方案交给技术专家，让他帮你做选择……这是因为你相信，他们会比你做出更正确的选择。

所以在很多时候，我们并不是能做出最佳选择的那个人，那为什么我们不把选择权交给一个更专业的人呢？把选择权交给谁是一个问题。我们可以试想一下，世界上有这么一个人，他有全世界最聪明的大脑，也掌握着全世界最全面丰富的信息，他不仅最擅长做选择，也最客观和最理性。假设有这么一个人就在你面前，你面临选择的时候，要不要让这个人帮你选择，或者至少让他给你参考意见呢？正常人应该都不会拒绝交出或者分享自己的选择权。

然而这个"人"其实是存在的，它就是市场，也可以说是社会、趋势或者自然。我们可以把它想象成一个角色，一个可以替你做出选择的人。我们经常说要"顺势而为"，而顺势而为的本质，其实就是把选择权交给趋势，交给市场，交给自然，让它帮我们做选择。

这听起来有点儿不可思议，但它怎么帮我们做选择呢？答案是：让选择自己呈现。

当如何选择变得显而易见的时候，你需要做的就只是顺其自然而已。我们也可以理解为：自然帮你做出了选择，而你只是按照学霸的答案，照抄到了你的人生答卷上。如果你不理解为什么答案会自己呈现出来，我举一个自己的例子。

几年前我开始随意在网上更新文章，也就是一些读书笔记。我这么做纯粹出于业余爱好，利用的也是业余时间，并没有想过以后要当成职业，我只是一边写文章，一边完成工作。渐渐地，我有了一些成绩，也有了一些收入。这个时候，我就面临着两难的选择，是继续工作呢，还是换一个全新的赛道，全职经营我喜欢的哲学自媒体？我纠结了一段时间，但并没有马上做出选择。我照旧每天好好上班，然后认真写文章，后来还拍视频。

直到去年，我跟几个平台签约后有了固定的收益，同时平台也对内容有一些质量和数量上的要求，这就需要我投入更多的时间和精力。于是我很自然地做出了选择。其实我并不是刻意选择了自己想要的方向，我只是把事情做好了，然后选项自然而然地就摆到了我的面前，或许我只是"照抄了学霸的答案，写下答案"的那个人。

可能有的人会反驳说，很多事情时间不等人呀，不可能每件事都能这么顺其自然。当然，现实生活中的很多选择是有时间和空间限制的。公交车要开了，我不快跑就会错过；电商购物节就要结束了，如果错过"双11"和"618"就没有折扣了，生活中当然有这样的限时选择题。

但其实我们细想一下就会发现，人生中绝大部分选择，尤其是大的选择，都不太需要我们立刻就做出选择。人生不是限时秒杀，没有倒计时，也没有最晚的交卷时间。选择什么样的行业，从事什么样的工作，过一种什么样的生活，与一个什么样的伴侣走过一生，抑或是决定成为一个什么样的人，等等，皆是如此。

所以，当你非常纠结的时候，不妨问问自己：为什么要这个时候做出选择，而不是以后？为什么是你来选择，而不是"自然"帮你选择？

你再仔细想想，其实人生的大部分决定都不是你主动或者理性选择的结果，我们往往是被选择的。因为我们能改变的很少，所以很多事情都只是"命运"或者说"缘分"作用的结果。市场、社会、自然、趋势等，一直都在我们的生命中扮演非常重要的角色，但我们很少意识到。而在大自然或者趋势面前，我们最好的选择就是顺势而为，让自然替我们选择。

这不是一种消极的心态，反而是一种积极的、专注于做事的心态，因为当你心里没有做出刻意的、主观的选择，你才能更专注于当下的事情。就像商丘开，如果他知道其他人是骗他的，他还能奋不顾身，跳悬崖、下深潭、下火海吗？当然不行。回到最开始的话题，只有做到"心中无为"，我们才能真的"无所不为"。

放弃自己必须马上做出选择的执念，尤其当我们面临艰难的抉择时。这个时候最好的选择或许是停下来问问自己：为什么是自己，为什么是现在，就必须做出选择？选择权本身并不是最重要的，适当让出你的选择权，让"自然"帮你做选择。你只需要认真做好自己应该做的事，或许就能让选择看起来毫不费力。也许这就是道家"无为而无不为"的真相。

庄子说："知天之所为，知人之所为者，至矣。"知道什么时候自己可以选择，知道什么时候应该把选择权交给自然，这是一种高级的智慧。

## 大自然才是我们最好的老师

大自然是一个非常神奇的存在，它存在了几十亿年，在它面前，人类存在的历史就好比转瞬之间。大自然里生活着成千上万个物种，无数的生命，但是它们却能相安无事。而哪怕只是一个由几十人组成的小团体，每天也可能吵得不可开交；国与国之间甚至常常兵戎相见。大自然也在应对无数挑战，例如每天都在发生的物种灭绝、曾经数次上演的小行星撞击地球……巨大的黑天鹅事件常常上演，但它依然安然无恙，一再焕发勃勃生机。

大自然没有大脑，没有语言，没有文字，没有意识，也没有所谓的智慧，那它是如何做到"独立而不改，周行而不殆"的呢？大自然给了我们哪些启示？

答案是：多样性和冗余。

首先是生物的多样性。如果地球上只有一个物种，或者物种极少，那么地球上可能早已荒无人烟，毫无生机了。但现实并不是这样，正因为大自然孕育了无数个物种，小到细菌，大到鲸鱼，物种种类极其丰富，这才让大自然可以从容应对各种黑天鹅事件，即便少数几个物种遭到毁灭性打击，但大自然的整体依然能完好无损。

人生中同样会遭遇频发的黑天鹅事件，因此我们不应当把鸡蛋放到一个篮子里，而应当保持多样的选择。生物多样性设计对我们的职业规划也具有很大的参考意义。在今天的职场里，活跃着越来越多拥有多重身份的斜杠青年。试想一下，如果你只会某种技能，只有一种职业选择，那一旦你所在的行业某一天消失了你该怎么办呢？

多样性并不是让你把精力放到许多完全不同的事情上，而是用少量的时间去做一些未来可能更有价值的事情。对于这一点，谷歌就是一个很好的例子，他们鼓励员工用20%的工作时间去做自己喜欢的事情，最终谷歌很多内部创新都从这20%的时间中产生。而如果刘慈欣没有在工作之余写写小说，那他永远就只能是一个默默无闻的小职员。

其次是大自然的冗余设计。大自然并不追求极简主义，也不追求断舍离，大自然在很多地方都是有冗余的，它并不是"按需定制"的。人类身上其实也有这种冗余设计，例如我们有两个肾脏,很多器官还有额外的容量,像是肺、神经系统、动脉机制等。而且冗余在有时候是相当有用的,比如我们在仓库中存储额外的粮食,等到饥荒时便能派上用场。冗余能够帮助我们储备更多的能量,以应对未来更大的挫折和风险。

**冗余不是多余。**

大自然的冗余,我们可以理解为"备选"或者说"保守"。华为的"鸿蒙系统"和"备胎计划"就是一种冗余规划,一旦遭遇系统性风险,这种备选就会成为关键力量。冗余设计在我们做人生规划时同样适用。比尔·盖茨在创办微软之前,其实并没有贸然离开学校,而是等到他的软件开始赚钱了,才离开大学全身投入创业;扎克伯格也是一样,在全职做Facebook之前,他在学校待了很长时间;谷歌的两位创始人拉里·佩奇和谢尔盖·布林,也都是在尽量保证完成学业的前提下创办谷歌的,他们一开始也没有全职投入,而是一边学习一边创业。其实,真实的创业故事并没有我们想象中孤注一掷的冒险,故事的主人公在很多时候选择的都是一种保守的策略。

那些所谓孤注一掷的故事往往出于媒体的美化。爱因斯坦在成名前只是瑞士专利局的一名小职员;刘慈欣在很长一段时间里只是山西一个国有发电厂的普通工程师。这些伟大的人最初的选择几乎都有一个共同特点,那就是非常保守,并不激进。而正是这种保守,给了他们稳定的环境和良好的开始,降低了他们遭遇黑天鹅事件的风险，这是一种人生智慧。

其实，大自然的生物多样性和冗余设计，都是为了让它可以随时拥有多种选择，而不至于陷入单一风险中，有朝一日遭遇灭顶之灾。过去有人说，只要专心做精一件事情，就可以一辈子衣食无忧，但这样的日子可能已经一去不返了。这个充满随机性的世界变化太快，我们需要的是适应变化的能力，而不是某一项永远不变的技能。

面对瞬息万变的生存环境，任何一项技能或者思维都无法应对各种突如其来的挑战，因此我们更需要向大自然学习，保持适度的多样性和冗余。

## 婴儿才是我们学习的榜样

向大自然学习我们可以理解，但为什么要向婴儿学习？如果把世界划分为自然世界和人类世界，那么婴儿其实就是介于两个世界之间的一种存在。

婴儿是人类希望的种子，蕴含着无限的潜力；婴儿也是最接近自然本真的存在。所以我们可以把婴儿看成连接人类世界和自然世界的一个通道、一个现象，那么我们能从他们身上学到什么呢？

老子在《道德经》中曾多次用婴儿来隐喻"道"。他说："载营魄抱一，能无离乎？专气致柔，能婴儿乎？"还说："知其雄，守其雌，为天下溪。为天下溪，常德不离，复归于婴儿。"

婴儿是最接近道家思想中"道"的存在，这是因为婴儿最接近自然，能保持本真的状态。婴儿的很多品质是成年人难以企及的，具体而言有以下几个方面。

第一，婴儿不受经验或者固有认知的束缚，能一眼看透事物的本质。如果拿成年人和婴儿相比，经验和知识量似乎是我们的优势，但实际上我们常常成为经验的奴隶。我们思考和看待世界无法跳出固有的认知局限，以至于无法观察到事物的本质。

关于如何把握事物的本质，近代西方现象学创始人胡塞尔提出了著名的"回到事情本身"的口号，而他的哲学方法可以总结为：悬置判断、本质还原和先验还原。

悬置判断，是胡塞尔处事的一个基本原则和方法；而本质还原，就是摒弃我们主观判断、经验认知的影响，对事物不作任何预设或者假设，在直观中去把握它的本质。而婴儿天然就具有这样的优势。

举个例子，当我们看到一个杯子的时候，通常会认为这是一个咖啡杯、茶杯或者其他什么器皿，我们对这个杯子有很多固有的认知。但在婴儿眼里，杯子的本质不仅仅是可以装水的器皿，还可能是一个玩具、一把武器，或者一件可以敲击的乐器。由于婴儿没有任何预设的主观认知，反而能更开放地把握事物的本质。

每个成年人的世界都充满了各种概念、知识和经验，但这实际上会限制我们回到事物本身、看清事物本质的能力，就像我们长大以后，再也无法获得童年时纯真的快乐。

第二，婴儿不受任何价值观的束缚。人生观、世界观、道德观，等等，都是我们认识世界的基本观念结构，但它们也是我们认识世界的思维局限。婴儿没有任何价值取向，成年人为人处世却经常要顾及自己或者他人的情绪和面子，或者受限于某种社会规范和法则。

比如，我们无法和仇人笑脸相迎，但小孩却可以和刚打完架的小伙伴和好如初。他们可以做到瞬间破涕为笑，又可以立刻翻脸不认人，丝毫不会觉得有任何不好意思。小孩没有任何价值观的束缚，他们甚至不知道什么是诚实和虚伪，也没有善、恶、美、丑的概念，但他们的言行却更接近真实的状态。

第三，婴儿有纯粹而敏锐的感知力。王阳明说："无善无恶心之体，有善有恶意之动。知善知恶是良知，为善去恶是格物。"人天然有感知善恶的良知，其实不仅仅是感知善恶，还包括感知周遭的环境，而小孩的观察更是敏锐。当父母情绪不好的时候，小孩很快就会做出反应；当电梯里来了一个看起来像坏人的陌生人时，小孩会下意识地抓紧父母的手。有的人很招小孩喜欢，而有的人甫一出现，就会把小孩吓得躲闪。成年人善于伪装，但小孩似乎天然就有洞察事物本性的感知力。

第四，婴儿总能做到纯粹而专注，他们做起事来往往目标明确，简单直接。有小孩的家长都知道，当小孩要糖果和玩具的时候，他们是非常执着和专注的，可以随时随地满地打滚，不达目的不罢休。而当他们玩起玩具来，又能够很快沉浸其中。

同时，他们又能够在各种状态和情绪之间随意切换，上一秒专注于玩玩具，下一秒就可以把注意力转到糖果上。他们对专注力的掌控能力是一流的，前一秒被父母打骂而痛哭流涕，下一秒就可以对喜欢的事和人笑脸相迎。他们的情绪也能收放自如，这些都是成年人完全不能比的。

第五，小孩经常能保持多元的兴趣和旺盛的求知欲。他们总是不停地问"为什么"，总是对陌生的世界充满好奇心，他们不知疲倦地探索，仿佛有无限的精力。更重要的是，他们总是像海绵一样不停地吸收知识，还拥有超强的学习能力。德国著名心理学家马克斯·韦特海默说，成年人学习困难是因为记忆力下降、专注力下降，从而影响了我们的学习效果，但是孩子比成年人更擅长学习，不是因为他们学得快，而是因为孩子更容易专注，更愿意坚持，更有耐心。

所以老子才说："专气致柔，能婴儿乎？"你真的可以像婴儿一样专气致柔、身心合一吗？这其实是非常困难的。

婴儿既保持了大自然的本真状态，蕴含了无限生机；同时还保持了人类无限的好奇心和求知欲。他们就像一颗种子，充满了希望。其实，婴儿这种至真、至诚的状态，也是我国古代道家和儒家思想共同推崇的一点。《中庸》也说："诚者，天之道也；思诚者，人之道也。"让我们像婴儿一样，以至真至诚的态度去体验这个世界吧。

德国哲学家马克斯·韦伯说：人是悬挂在他们自己编织的意义之网上的动物。

这张意义之网就是我们的观念，它既是我们认识世界的快捷方式，也是我们认识世界的枷锁和屏障。那如何打破和超越这张网的束缚呢？我的选择是：永远保持像大自然一样的多元包容，也像婴儿一样，永远对世界充满好奇心。

# 后记

这两天我一直在想这本书的后记应该写点什么,晚上跟我9岁的儿子聊天,我把这个问题告诉了他,我说我的书还差一个结尾,不知道写什么好。他说:"讲一个故事吧,我喜欢听故事。"那我们就从一个故事讲起吧,这也是我之前跟他讲过的一个睡前故事:津人操舟。

这个故事是《庄子·达生篇》里庄子讲的。有一天,孔子的弟子颜渊坐船经过一处深潭,摆渡划船的人的技术很高超。

颜渊就问他:"我可以学会划船吗?"

划船的人说:"当然可以。"

划船的人又说:"善游者数能。若乃夫没人,则未尝见舟而便操之也。"

意思是说,会游泳的人很快就能学会划船;如果会潜水的人,即便是之前没有见过船,看到船之后就能马上学会划船。颜渊没太明白划船的人说的是什么意思,于是回来问老师孔子。

孔子说:"善游者数能,忘水也。"善于游泳的人很快能学会划船,是因为他们忘记了水的存在。心中没有了畏惧,心无杂念就可以学得很快。善于潜水的人甚至可以把深渊也只看成丘陵陆地。心中没有了畏惧,他们面对各种危险情形,都可以应付自如,所以即便之前没见过船,也可以很快学会划船。

孔子继续说,一个人在赌博时,如果用瓦片下注,往往可以巧中;如果用玉钩下注,那么就会心存畏惧;如果用黄金下注,就会头脑发昏,这是因为他看重身外之物,而有所顾忌、心怀畏惧。

庄子说:"凡外重者内拙。"凡是太看重身外之物的人,思维就必然笨拙。很多时候,不是我们不够聪明,而是我们想得太多。

经常有人问我,为什么要读哲学,哲学有什么用,哲学给我带来最大的改变是什么等类似的问题。其实很多时候我有点尴尬,我的确很想给出一个让人信服的回答,但确实没办法给出一个确切的答案。哲学能改变一个人的想法吗?能给一个人智慧吗?能让一个人更幸福吗?好像都不一定,因为似乎都可以被"证伪"。我甚至都不知道我从什么时候喜欢上哲学,读的第一本哲学书是什么,也很难确切地说哲学给了我什么具体的改变。

我们做任何事情好像都需要有一个确定的理由和目的,并以此为目标或者动力,我们很难说服自己做一件看似没有理由的事情,因为这通常来说不符合"逻辑"。之前我一直很不理解为什么老子在《道德经》里说"无为而无不为",不带任何目的和意图,不去刻意做什么事情,这看起来非常违背直觉,甚至有些矛盾,我们做任何事情不都需要一个"目的"吗?

但很多时候,正是这些前提、目的、意图和理由,束缚了我们的思维和想法,甚至改变了我们对事情本身的体验。当你为了流量而写作的时候,当你为了金钱而工作的时候,当你为了所谓成功而生活的时候,你的行为本身的意义就被限制在这个意图之中,反而失去了更多的可能性,这让我想起庄子的那句话:"凡外重者内拙。"

很多时候,阻碍我们进步的,只是我们自己。

共勉。

图书在版编目（CIP）数据

幸福的底层逻辑/刘小播著.—广州：广东人民出版社，2022.6
ISBN 978-7-218-15735-1

Ⅰ.①幸… Ⅱ.①刘… Ⅲ.①幸福—研究 Ⅳ.①B82

中国版本图书馆CIP数据核字(2022)第060593号

XINGFU DE DICENG LUOJI
## 幸福的底层逻辑

刘小播 著

版权所有 翻印必究

出 版 人：肖风华

责任编辑：陈 晔 罗凯欣
装帧设计：吾然设计工作室
美术编辑：程 阁

| 出 | 版： | 广东人民出版社 |
|---|---|---|
| 地 | 址： | 广州市越秀区大沙头四马路10号（邮政编码：510102） |
| 电 | 话： | （020）85716809（总编室） |
| 传 | 真： | （020）85716872 |
| 网 | 址： | http://www.gdpph.com |
| 发 | 行： | 未读（天津）文化传媒有限公司 |
| 印 | 刷： | 大厂回族自治县德诚印务有限公司 |
| 开 | 本： | 880毫米×1230毫米 1/32 |
| 印 | 张： | 8.25　字　数：140千 |
| 版 | 次： | 2022年6月第1版 |
| 印 | 次： | 2022年6月第1次印刷 |
| 定 | 价： | 48.00元 |

关注未读好书

未读CLUB
会员服务平台

本书若有质量问题，请与本公司图书销售中心联系调换
电话：(010) 52435752

未经许可，不得以任何方式
复制或抄袭本书部分或全部内容
版权所有，侵权必究